두부영어와
함께 하는

초등
영문법 4
형식

뿌수기 100

초등 영문법 4 형식 뿌수기 100

저 자 이덕희, 이선미, 정아현, 황대욱, 김남의
발행인 고본화
발 행 반석출판사
2025년 3월 5일 초판 1쇄 인쇄
2025년 3월 10일 초판 1쇄 발행
홈페이지 www.bansok.co.kr
이메일 bansok@bansok.co.kr
블로그 blog.naver.com/bansokbooks

07547 서울시 강서구 양천로 583. B동 1007호
　　　(서울시 강서구 염창동 240-21번지 우림블루나인 비즈니스센터 B동 1007호)
대표전화 02) 2093-3399　**팩 스** 02) 2093-3393
출 판 부 02) 2093-3395　**영업부** 02) 2093-3396
등록번호 제315-2008-000033호

ISBN 978-89-7172-106-3 (63740)

두부영어랑 함께 하는

초등 영문법 ④ 형식

뿌수기 100

반석출판사

한번 생각해 보세요.

> 민서는 본다 고양이들을.
>
> 민서는 고양이들을 본다.
>
> 고양이들을 민서는 본다.
>
> 고양이들을 본다 민서는.
>
> 본다 민서는 고양이들을.
>
> 본다 고양이들을 민서는.

한국어로는 위의 여섯 개의 문장이 전부 같은 의미를 가집니다.

바로, 한국어에는 ~는, ~을, ~ㄴ다 와 같은 조사[1]들이 있어서

누가 (주어를 나타내는 조사 ~은, 는, 이, 가),

무엇을 (목적어를 나타내는 조사 ~을, 를),

어떻게 하는지(동사를 나타내는 조사 ~다, 하다)

단어들의 위치와 순서가 바뀌어도 뜻이, 그 의미가 달라지지 않는 것입니다.

그럼 위의 문장들을 영어로 적어보면 어떻게 될까요?

차례대로 한 번 적어볼게요. 문법적인 것은 배제하고 보시면 됩니다.

> Minseo see cats. (민서는 **본다** 고양이들을.)
>
> Minseo cats see. (민서는 **고양이들한다** 본다를.)
>
> Cats Minseo see. (고양이들은 **민서한다** 본다를.)
>
> Cats see Minseo. (고양이들은 **본다** 민서를.)
>
> See Minseo cats. (본다는 **민서한다** 고양이들을.)
>
> See cats Minseo. (본다는 **고양이들한다** 민서를.)

같은 단어들을 사용해 한국어의 순서와 동일하게 6개의 문장을 만들었는데 의미는 완전히 달라집니다.

영어는 단어의 위치가 곧 그 단어의 역할을 결정하기 때문입니다.

맨 앞자리는 주어, 그 다음은 동사, 그 다음은 보어나 목적어 등이지요.

그런 단어들의 순서를 알려주는 것이 바로 문장의 형식입니다.

영어의 모든 문장은 이 문장의 5형식 안에 전부 들어가 있지요.

아무리 짧고 아무리 긴 그 어떤 문장이라도 이 문장의 형식에 모두 들어맞는다는 것입니다.

이것이 바로 우리가 '문장의 형식'을 이해해야 하는 이유입니다.

이 책은 단순한 문법책이 아닙니다. 한국어와 영어의 근본적인 차이를 이해하고, 영어 문장의 구조를 직관적으로 파악할 수 있도록 돕는 안내서입니다. 특히 기초적인 단어들을 활용하여, 누구나 쉽게 영어 문장의 구조를 이해할 수 있도록 구성했습니다.

이제 여러분과 함께 영어 문장의 형식을 차근차근 살펴보려 합니다. 단어들의 나열이 아닌, 의미가 통하는 영어 문장을 만드는 여정을 시작해볼까요?

현직 영어학원 원장 일동 드림

---

¹ 체언이나 부사, 어미 따위에 붙어 그 말과 다른 말과의 문법적 관계를 표시하거나 그 말의 뜻을 도와주는 품사. 크게 격 조사, 접속 조사, 보조사로 나눈다. - 출처 : 표준국어대사전

이 책의 특징

현장 경험으로 완성된 실전 영어 워크북

5인의 현직 영어학원 원장이 다년간의 교육 경험을 바탕으로 제작한 교재입니다.

기존의 학습서에서 찾기 어려웠던 효과적인 학습법과 실질적인 노하우를 담아, 영어 학습의 새로운 방향을 제시합니다.

주요 대상	추가 대상
영어 학습을 시작하는 초등학교 3~4학년	영어 문법에 어려움을 느끼는 모든 초등학생 자녀의 영어 교육에 관심 있는 학부모 영어를 다시 시작하려는 성인 학습자 영어가 필요한 직장인 및 시니어

교재의 특별한 장점

1 쉽게 시작하고 자연스럽게 확장하는 단계별 학습

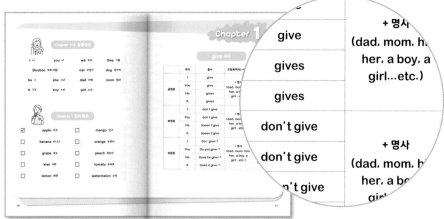

- ☑ 문장이 만들어지는 원리를 이해하며 기본 문장부터 차근차근 학습
- ☑ 배운 문장에 단어를 하나씩 추가하며 긴 문장으로 자연스럽게 확장
- ☑ 동사의 활용과 주어별 동사 변화 등 기초 문법을 탄탄하게 다짐

2 문장 구조를 시각적으로 이해하는 활동

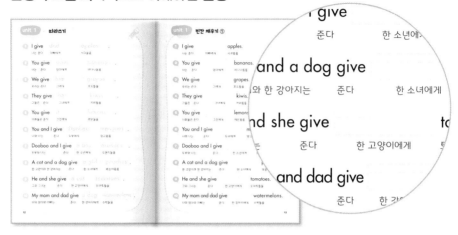

☑ 단어와 문장의 관계를 블록처럼 구성하며 직관적으로 이해

☑ 단어를 순서대로 연결하며 문법 원리를 쉽게 체득

☑ 패턴 연습을 통해 한 단계씩 실력 향상

3 반복과 누적 학습으로 영어 문장이 완성되는 설계

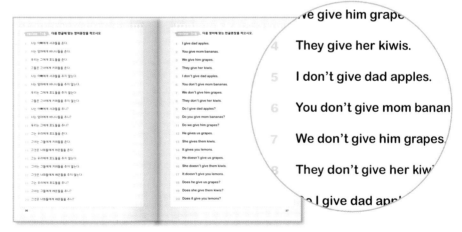

☑ 다양한 의미의 문장을 직접 써보며 문장 구조를 체득

☑ Review Test, Final Test를 통해 학습 내용을 단계별로 점검

☑ 예시문 암기를 통한 실전 영어 활용력 강화

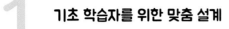

1 기초 학습자를 위한 맞춤 설계

- ☑ 문법의 기초 틀을 확실히 잡아주는 체계적 구성
- ☑ 스스로 학습이 가능한 단계별 패턴 연습
- ☑ 1~5형식을 완벽하게 마스터한 후 심화 문법 학습 가능

2 효과적인 학습 방법

- ☑ 반복적이고 심플한 패턴 연습으로 기본기 강화
- ☑ 문법을 이론이 아닌 실전으로 익히는 실용적 접근
- ☑ 핸드라이팅을 통한 장기기억 강화

이 교재는 문법이나 문장 패턴이 약한 학생들도 스스로 학습할 수 있도록 구성되어 있으며, 기초부터 차근차근 밟아가며 문법의 완성도를 높일 수 있습니다. 특히 1~5형식을 탄탄하게 마스터하면 이후의 심화 문법 학습에도 큰 도움이 될 것입니다.

목차

Chapter 1~5 공통단어

I 나   you 너   we 우리   they 그들

Dooboo 두부(이름)   cat 고양이   dog 강아지

he 그   she 그녀   dad 아빠   mom 엄마

it 그것   boy 소년   girl 소녀

Chapter 1 단어 체크

☑ apple 사과   ☐ mango 망고

☐ banana 바나나   ☐ orange 오렌지

☐ grape 포도   ☐ peach 복숭아

☐ kiwi 키위   ☐ tomato 토마토

☐ lemon 레몬   ☐ watermelon 수박

give 주다

	주어	동사	간접목적어(~에게)	직접목적어(~을)
긍정문	I	give	+명사 (dad, mom, him, her, a boy, a girl...etc.)	+명사 (apples, bananas, lemons, kites, dolls...etc.)
	You	give		
	He	gives		
	It	gives		
부정문	I	don't give	+명사 (dad, mom, him, her, a boy, a girl...etc.)	+명사 (apples, bananas, lemons, kites, dolls...etc.)
	You	don't give		
	He	doesn't give		
	It	doesn't give		
의문문	I	Do I give~?	+명사 (dad, mom, him, her, a boy, a girl...etc.)	+명사 (apples, bananas, lemons, kites, dolls...etc.)
	You	Do you give~?		
	He	Does he give~?		
	It	Does it give~?		

1 I give   dad   apples   .
나는 준다   아빠에게   사과들을

2 You give   mom   bananas   .
너는   준다   엄마에게   바나나들을

3 We give   him   grapes   .
우리는 준다   그에게   포도들을

4 They give   her   kiwis   .
그들은   준다   그녀에게   키위들을

5 You give   it   lemons   .
너희들은 준다   그것에게   레몬들을

6 You and I give   Dooboo   mangoes   .
너와 나는   준다   두부에게   망고들을

7 Dooboo and I give   a boy   oranges   .
두부와 나는   준다   한 소년에게   오렌지들을

8 A cat and a dog give   a girl   peaches   .
한 고양이와 한 강아지는   준다   한 소녀에게   복숭아들을

9 He and she give   a cat   tomatoes   .
그와 그녀는   준다   한 고양이에게   토마토들을

10 My mom and dad give   a dog   watermelons   .
나의 엄마와 아빠는   준다   한 강아지에게   수박들을

1 I give   apples.

나는 준다   아빠에게   사과들을

2 You give   bananas.

너는   준다   엄마에게   바나나들을

3 We give   grapes.

우리는 준다   그에게   포도들을

4 They give   kiwis.

그들은   준다   그녀에게   키위들을

5 You give   lemons.

너희들은 준다   그것에게   레몬들을

6 You and I give   mangoes.

너와 나는   준다   두부에게   망고들을

7 Dooboo and I give   oranges.

두부와 나는   준다   한 소년에게   오렌지들을

8 A cat and a dog give   peaches.

한 고양이와 한 강아지는   준다   한 소녀에게   복숭아들을

9 He and she give   tomatoes.

그와 그녀는   준다   한 고양이에게   토마토들을

10 My mom and dad give   watermelons.

나의 엄마와 아빠는   준다   한 강아지에게   수박들을

빈칸 채우기 ②

1 I give _____ .

나는 준다   아빠에게   사과들을

2 You give _____ .

너는   준다   엄마에게   바나나들을

3 We give _____ .

우리는 준다   그에게   포도들을

4 They give _____ .

그들은   준다   그녀에게   키위들을

5 You give _____ .

너희들은 준다   그것에게   레몬들을

6 You and I give _____ .

너와 나는   준다   두부에게   망고들을

7 Dooboo and I give _____ .

두부와 나는   준다   한 소년에게   오렌지들을

8 A cat and a dog give _____ .

한 고양이와 한 강아지는   준다   한 소녀에게   복숭아들을

9 He and she give _____ .

그와 그녀는   준다   한 고양이에게   토마토들을

10 My mom and dad give _____ .

나의 엄마와 아빠는   준다   한 강아지에게   수박들을

1

나는 아빠에게 사과들을 준다.

2

너는 엄마에게 바나나들을 준다.

3

우리는 그에게 포도들을 준다.

4

그들은 그녀에게 키위들을 준다.

5

너희들은 그것에게 레몬들을 준다.

6

너와 나는 두부에게 망고들을 준다.

7

두부와 나는 한 소년에게 오렌지들을 준다.

8

한 고양이와 한 강아지는 한 소녀에게 복숭아들을 준다.

9

그와 그녀는 한 고양이에게 토마토들을 준다.

10

나의 엄마와 아빠는 한 강아지에게 수박들을 준다.

따라쓰기

1 I don't give dad apples .
나는 주지 않는다 　　아빠에게 　　사과들을

2 You don't give mom bananas .
너는 주지 않는다 　　엄마에게 　　바나나들을

3 We don't give him grapes .
우리는 주지 않는다 　　그에게 　　포도들을

4 They don't give her kiwis .
그들은 주지 않는다 　　그녀에게 　　키위들을

5 You don't give it lemons .
너희들은 주지 않는다 　　그것에게 　　레몬들을

6 You and I don't give Dooboo mangoes .
너와 나는 주지 않는다 　　두부에게 　　망고들을

7 Dooboo and I don't give a boy oranges .
두부와 나는 주지 않는다 　　한 소년에게 　　오렌지들을

8 A cat and a dog don't give a girl peaches .
한 고양이와 한 강아지는 주지 않는다 　　한 소녀에게 　　복숭아들을

9 He and she don't give a cat tomatoes .
그와 그녀는 주지 않는다 　　한 고양이에게 　　토마토들을

10 My mom and dad don't give a dog watermelons .
나의 엄마와 아빠는 주지 않는다 　　한 강아지에게 수박들을

빈칸 채우기 ①

1 I don't give   apples.

나는 주지 않는다   아빠에게   사과들을

2 You don't give   bananas.

너는   주지 않는다   엄마에게   바나나들을

3 We don't give   grapes.

우리는 주지 않는다   그에게   포도들을

4 They don't give   kiwis.

그들은   주지 않는다   그녀에게   키위들을

5 You don't give   lemons.

너희들은 주지 않는다   그것에게   레몬들을

6 You and I don't give   mangoes.

너와 나는   주지 않는다   두부에게   망고들을

7 Dooboo and I don't give   oranges.

두부와 나는   주지 않는다   한 소년에게   오렌지들을

8 A cat and a dog don't give   peaches.

한 고양이와 한 강아지는   주지 않는다   한 소녀에게   복숭아들을

9 He and she don't give   tomatoes.

그와 그녀는   주지 않는다   한 고양이에게   토마토들을

10 My mom and dad don't give   watermelons.

나의 엄마와 아빠는   주지 않는다   한 강아지에게   수박들을

unit 2 빈칸 채우기 ②

1 I don't give ☐ ☐ .
나는 주지 않는다   아빠에게   사과들을

2 You don't give ☐ ☐ .
너는 주지 않는다   엄마에게   바나나들을

3 We don't give ☐ ☐ .
우리는 주지 않는다   그에게   포도들을

4 They don't give ☐ ☐ .
그들은 주지 않는다   그녀에게   키위들을

5 You don't give ☐ ☐ .
너희들은 주지 않는다   그것에게   레몬들을

6 You and I don't give ☐ ☐ .
너와 나는   주지 않는다   두부에게   망고들을

7 Dooboo and I don't give ☐ ☐ .
두부와 나는   주지 않는다   한 소년에게   오렌지들을

8 A cat and a dog don't give ☐ ☐ .
한 고양이와 한 강아지는   주지 않는다   한 소녀에게   복숭아들을

9 He and she don't give ☐ ☐ .
그와 그녀는   주지 않는다   한 고양이에게   토마토들을

10 My mom and dad don't give ☐ ☐ .
나의 엄마와 아빠는   주지 않는다   한 강아지에게   수박들을

빈칸 채우기 ③

1

나는 아빠에게 사과들을 주지 않는다.

2

너는 엄마에게 바나나들을 주지 않는다.

3

우리는 그에게 포도들을 주지 않는다.

4

그들은 그녀에게 키위들을 주지 않는다.

5

너희들은 그것에게 레몬들을 주지 않는다.

6

너와 나는 두부에게 망고들을 주지 않는다.

7

두부와 나는 한 소년에게 오렌지들을 주지 않는다.

8

한 고양이와 한 강아지는 한 소녀에게 복숭아들을 주지 않는다.

9

그와 그녀는 한 고양이에게 토마토들을 주지 않는다.

10

나의 엄마와 아빠는 한 강아지에게 수박들을 주지 않는다.

1 Do I give dad apples ?
나는 주니? 아빠에게 사과들을

2 Do you give mom bananas ?
너는 주니? 엄마에게 바나나들을

3 Do we give him grapes ?
우리는 주니? 그에게 포도들을

4 Do they give her kiwis ?
그들은 주니? 그녀에게 키위들을

5 Do you give it lemons ?
너희들은 주니? 그것에게 레몬들을

6 Do you and I give Dooboo mangoes ?
너와 나는 주니? 두부에게 망고들을

7 Do Dooboo and I give a boy oranges ?
두부와 나는 주니? 한 소년에게 오렌지들을

8 Do a cat and a dog give a girl peaches ?
한 고양이와 한 강아지는 주니? 한 소녀에게 복숭아들을

9 Do he and she give a cat tomatoes ?
그와 그녀는 주니? 한 고양이에게 토마토들을

10 Do my mom and dad give a dog watermelons ?
나의 엄마와 아빠는 주니? 한 강아지에게 수박들을

1 Do I give _____ apples?

나는   주니?   아빠에게   사과들을

2 Do you give _____ bananas?

너는   주니?   엄마에게   바나나들을

3 Do we give _____ grapes?

우리는   주니?   그에게   포도들을

4 Do they give _____ kiwis?

그들은   주니?   그녀에게   키위들을

5 Do you give _____ lemons?

너희들은   주니?   그것에게   레몬들을

6 Do you and I give _____ mangoes?

너와 나는   주니?   두부에게   망고들을

7 Do Dooboo and I give _____ oranges?

두부와 나는   주니?   한 소년에게   오렌지들을

8 Do a cat and a dog give _____ peaches?

한 고양이와 한 강아지는   주니?   한 소녀에게   복숭아들을

9 Do he and she give _____ tomatoes?

그와 그녀는   주니?   한 고양이에게   토마토들을

10 Do my mom and dad give _____ watermelons?

나의 엄마와 아빠는   주니?   한 강아지에게   수박들을

빈칸 채우기 ②

1 Do I give ⬚⬚⬚⬚ ⬚⬚⬚⬚ ?

나는   주니?   아빠에게   사과들을

2 Do you give ⬚⬚⬚⬚ ⬚⬚⬚⬚ ?

너는   주니?   엄마에게   바나나들을

3 Do we give ⬚⬚⬚⬚ ⬚⬚⬚⬚ ?

우리는   주니?   그에게   포도들을

4 Do they give ⬚⬚⬚⬚ ⬚⬚⬚⬚ ?

그들은   주니?   그녀에게   키위들을

5 Do you give ⬚⬚⬚⬚ ⬚⬚⬚⬚ ?

너희들은   주니?   그것에게   레몬들을

6 Do you and I give ⬚⬚⬚⬚ ⬚⬚⬚⬚ ?

너와 나는   주니?   두부에게   망고들을

7 Do Dooboo and I give ⬚⬚⬚⬚ ⬚⬚⬚⬚ ?

두부와 나는   주니?   한 소년에게   오렌지들을

8 Do a cat and a dog give ⬚⬚⬚⬚ ⬚⬚⬚⬚ ?

한 고양이와 한 강아지는   주니?   한 소녀에게   복숭아들을

9 Do he and she give ⬚⬚⬚⬚ ?

그와 그녀는   주니?   한 고양이에게   토마토들을

10 Do my mom and dad give ⬚⬚⬚⬚ ?

나의 엄마와 아빠는   주니?   한 강아지에게   수박들을

22

빈칸 채우기 ③

1

나는 아빠에게 사과들을 주니?

2

너는 엄마에게 바나나들을 주니?

3

우리는 그에게 포도들을 주니?

4

그들은 그녀에게 키위들을 주니?

5

너희들은 그것에게 레몬들을 주니?

6

너와 나는 두부에게 망고들을 주니?

7

두부와 나는 한 소년에게 오렌지들을 주니?

8

한 고양이와 한 강아지는 한 소녀에게 복숭아들을 주니?

9

그와 그녀는 한 고양이에게 토마토들을 주니?

10

나의 엄마와 아빠는 한 강아지에게 수박들을 주니?

1 Dad gives me apples .

아빠는 준다   나에게   사과들을

2 Mom gives you bananas .

엄마는 준다   너에게   바나나들을

3 He gives us grapes .

그는 준다   우리에게   포도들을

4 She gives them kiwis .

그녀는 준다   그들에게   키위들을

5 It gives you lemons .

그것은 준다   너희들에게   레몬들을

6 Dooboo gives you and me mangoes .

두부는   준다   너와 나에게   망고들을

7 A boy gives Dooboo and me oranges .

한 소년은   준다   두부와 나에게   오렌지들을

8 A girl gives a cat and a dog peaches .

한 소녀는   준다   한 고양이와 한 강아지에게   복숭아들을

9 A cat gives him and her tomatoes .

한 고양이는 준다   그와 그녀에게   토마토들을

10 A dog gives my mom and dad watermelons .

한 강아지는 준다   나의 엄마와 아빠에게   수박들을

빈칸 채우기 ①

1. Dad gives   apples.
아빠는 준다   나에게   사과들을

2. Mom gives   bananas.
엄마는 준다   너에게   바나나들을

3. He gives   grapes.
그는 준다   우리에게   포도들을

4. She gives   kiwis.
그녀는 준다   그들에게   키위들을

5. It gives   lemons.
그것은 준다   너희들에게   레몬들을

6. Dooboo gives   mangoes.
두부는   준다   너와 나에게   망고들을

7. A boy gives   oranges.
한 소년은   준다   두부와 나에게   오렌지들을

8. A girl gives   peaches.
한 소녀는 준다   한 고양이와 한 강아지에게   복숭아들을

9. A cat gives   tomatoes.
한 고양이는 준다   그와 그녀에게   토마토들을

10. A dog gives   watermelons.
한 강아지는 준다   나의 엄마와 아빠에게   수박들을

1 Dad gives ☐ ☐ .
아빠는 준다　　나에게　　　　사과들을

2 Mom gives ☐ ☐ .
엄마는　준다　　너에게　　　　　바나나들을

3 He gives ☐ .
그는 준다　　우리에게　　포도들을

4 She gives ☐ ☐ .
그녀는 준다　　그들에게　　키위들을

5 It gives ☐ ☐ .
그것은 준다　너희들에게　　레몬들을

6 Dooboo gives ☐ .
두부는　　준다　　너와 나에게　　　　　망고들을

7 A boy gives ☐ .
한 소년은　준다　　두부와 나에게　　　　오렌지들을

8 A girl gives ☐ .
한 소녀는　준다　　한 고양이와 한 강아지에게　　복숭아들을

9 A cat gives ☐ .
한 고양이는 준다　　그와 그녀에게　　토마토들을

10 A dog gives ☐ .
한 강아지는 준다　　나의 엄마와 아빠에게　　수박들을

26

1

아빠는 나에게 사과들을 준다.

2

엄마는 너에게 바나나들을 준다.

3

그는 우리에게 포도들을 준다.

4

그녀는 그들에게 키위들을 준다.

5

그것은 너희들에게 레몬들을 준다.

6

두부는 너와 나에게 망고들을 준다.

7

한 소년은 두부와 나에게 오렌지들을 준다.

8

한 소녀는 한 고양이와 한 강아지에게 복숭아들을 준다.

9

한 고양이는 그와 그녀에게 토마토들을 준다.

10

한 강아지는 나의 엄마와 아빠에게 수박들을 준다.

1 Dad doesn't give me apples .

아빠는 주지 않는다 나에게 사과들을

2 Mom doesn't give you bananas .

엄마는 주지 않는다 너에게 바나나들을

3 He doesn't give us grapes .

그는 주지 않는다 우리에게 포도들을

4 She doesn't give them kiwis .

그녀는 주지 않는다 그들에게 키위들을

5 It doesn't give you lemons .

그것은 주지 않는다 너희들에게 레몬들을

6 Dooboo doesn't give you and me mangoes .

두부는 주지 않는다 너와 나에게 망고들을

7 A boy doesn't give Dooboo and me oranges .

한 소년은 주지 않는다 두부와 나에게 오렌지들을

8 A girl doesn't give a cat and a dog peaches .

한 소녀는 주지 않는다 한 고양이와 한 강아지에게 복숭아들을

9 A cat doesn't give him and her tomatoes .

한 고양이는 주지 않는다 그와 그녀에게 토마토들을

10 A dog doesn't give my mom and dad watermelons .

한 강아지는 주지 않는다 나의 엄마와 아빠에게 수박들을

빈칸 채우기 ①

1 Dad doesn't give   apples.

아빠는   주지 않는다   나에게   사과들을

2 Mom doesn't give   bananas.

엄마는   주지 않는다   너에게   바나나들을

3 He doesn't give   grapes.

그는   주지 않는다   우리에게   포도들을

4 She doesn't give   kiwis.

그녀는 주지 않는다   그들에게   키위들을

5 It doesn't give   lemons.

그것은 주지 않는다   너희들에게   레몬들을

6 Dooboo doesn't give   mangoes.

두부는   주지 않는다   너와 나에게   망고들을

7 A boy doesn't give   oranges.

한 소년은   주지 않는다   두부와 나에게   오렌지들을

8 A girl doesn't give   peaches.

한 소녀는   주지 않는다   한 고양이와 한 강아지에게   복숭아들을

9 A cat doesn't give   tomatoes.

한 고양이는 주지 않는다   그와 그녀에게   토마토들을

10 A dog doesn't give   watermelons.

한 강아지는 주지 않는다   나의 엄마와 아빠에게   수박들을

빈칸 채우기 ②

1 Dad doesn't give

아빠는 주지 않는다   나에게   사과들을

2 Mom doesn't give

엄마는 주지 않는다   너에게   바나나들을

3 He doesn't give

그는 주지 않는다   우리에게   포도들을

4 She doesn't give

그녀는 주지 않는다   그들에게   키위들을

5 It doesn't give

그것은 주지 않는다   너희들에게   레몬들을

6 Dooboo doesn't give

두부는   주지 않는다   너와 나에게   망고들을

7 A boy doesn't give

한 소년은 주지 않는다   두부와 나에게   오렌지들을

8 A girl doesn't give

한 소녀는 주지 않는다   한 고양이와 한 강아지에게   복숭아들을

9 A cat doesn't give

한 고양이는 주지 않는다   그와 그녀에게   토마토들을

10 A dog doesn't give

한 강아지는 주지 않는다   나의 엄마와 아빠에게   수박들을

빈칸 채우기 ③

1

아빠는 나에게 사과들을 주지 않는다.

2

엄마는 너에게 바나나들을 주지 않는다.

3

그는 우리에게 포도들을 주지 않는다.

4

그녀는 그들에게 키위들을 주지 않는다.

5

그것은 너희들에게 레몬들을 주지 않는다.

6

두부는 너와 나에게 망고들을 주지 않는다.

7

한 소년은 두부와 나에게 오렌지들을 주지 않는다.

8

한 소녀는 한 고양이와 한 강아지에게 복숭아들을 주지 않는다.

9

한 고양이는 그와 그녀에게 토마토들을 주지 않는다.

10

한 강아지는 나의 엄마와 아빠에게 수박들을 주지 않는다.

따라쓰기

1 Does dad give me apples ?

아빠는   주니?   나에게   사과들을

2 Does mom give you bananas ?

엄마는   주니?   너에게   바나나들을

3 Does he give us grapes ?

그는   주니?   우리에게   포도들을

4 Does she give them kiwis ?

그녀는   주니?   그들에게   키위들을

5 Does it give you lemons ?

그것은   주니?   너희들에게   레몬들을

6 Does Dooboo give you and me mangoes ?

두부는   주니?   너와 나에게   망고들을

7 Does a boy give Dooboo and me oranges ?

한 소년은   주니?   두부와 나에게   오렌지들을

8 Does a girl give a cat and a dog peaches ?

한 소녀는   주니?   한 고양이와 한 강아지에게   복숭아들을

9 Does a cat give him and her tomatoes ?

한 고양이는   주니?   그와 그녀에게   토마토들을

10 Does a dog give my mom and dad watermelons ?

한 강아지는   주니?   나의 엄마와 아빠에게   수박들을

1 Does dad give　　　　　apples?

아빠는　　　주니?　　　나에게　　　사과들을

2 Does mom give　　　　　bananas?

엄마는　　　주니?　　　너에게　　　바나나들을

3 Does he give　　　　　grapes?

그는　　　주니?　　　우리에게　　　포도들을

4 Does she give　　　　　kiwis?

그녀는　　　주니?　　　그들에게　　　키위들을

5 Does it give　　　　　lemons?

그것은　　　주니?　　　너희들에게　　　레몬들을

6 Does Dooboo give　　　　　mangoes?

두부는　　　주니?　　　너와 나에게　　　망고들을

7 Does a boy give　　　　　oranges?

한 소년은　　　주니?　　　두부와 나에게　　　오렌지들을

8 Does a girl give　　　　　peaches?

한 소녀는　　　주니?　　　한 고양이와 한 강아지에게　　　복숭아들을

9 Does a cat give　　　　　tomatoes?

한 고양이는　　　주니?　　　그와 그녀에게　　　토마토들을

10 Does a dog give　　　　　watermelons?

한 강아지는　　　주니?　　　나의 엄마와 아빠에게　　　수박들을

unit 6

1 Does dad give ☐ ☐ ?

아빠는　　　주니?　나에게　　　　사과들을

2 Does mom give ☐ ☐ ?

엄마는　　　주니?　너에게　　　　바나나들을

3 Does he give ☐ ☐ ?

그는　　　주니?　우리에게　　　포도들을

4 Does she give ☐ ☐ ?

그녀는　　　주니?　그들에게　　　키위들을

5 Does it give ☐ ☐ ?

그것은　　　주니?　너희들에게　　레몬들을

6 Does Dooboo give ☐ ☐ ?

두부는　　　주니?　너와 나에게　　망고들을

7 Does a boy give ☐ ☐ ?

한 소년은　　　주니?　두부와 나에게　　오렌지들을

8 Does a girl give ☐ ☐ ?

한 소녀는　　　주니?　한 고양이와 한 강아지에게　복숭아들을

9 Does a cat give ☐ ☐ ?

한 고양이는　　　주니?　그와 그녀에게　　토마토들을

10 Does a dog give ☐ ☐ ?

한 강아지는　　　주니?　나의 엄마와 아빠에게　수박들을

빈칸 채우기 ③

1

아빠는 나에게 사과들을 주니?

2

엄마는 너에게 바나나들을 주니?

3

그는 우리에게 포도들을 주니?

4

그녀는 그들에게 키위들을 주니?

5

그것은 너희들에게 레몬들을 주니?

6

두부는 너와 나에게 망고들을 주니?

7

한 소년은 두부와 나에게 오렌지들을 주니?

8

한 소녀는 한 고양이와 한 강아지에게 복숭아들을 주니?

9

한 고양이는 그와 그녀에게 토마토들을 주니?

10

한 강아지는 나의 엄마와 아빠에게 수박들을 주니?

다음 한글에 맞는 영어문장을 적으시오.

1   나는 아빠에게 사과들을 준다. ....

2   너는 엄마에게 바나나들을 준다. ....

3   우리는 그에게 포도들을 준다. ....

4   그들은 그녀에게 키위들을 준다. ....

5   나는 아빠에게 사과들을 주지 않는다. ....

6   너는 엄마에게 바나나들을 주지 않는다. ....

7   우리는 그에게 포도들을 주지 않는다. ....

8   그들은 그녀에게 키위들을 주지 않는다. ....

9   나는 아빠에게 사과들을 주니? ....

10   너는 엄마에게 바나나들을 주니? ....

11   우리는 그에게 포도들을 주니? ....

12   그는 우리에게 포도들을 준다. ....

13   그녀는 그들에게 키위들을 준다. ....

14   그것은 너희들에게 레몬들을 준다. ....

15   그는 우리에게 포도들을 주지 않는다. ....

16   그녀는 그들에게 키위들을 주지 않는다. ....

17   그것은 너희들에게 레몬들을 주지 않는다. ....

18   그는 우리에게 포도들을 주니? ....

19   그녀는 그들에게 레몬들을 주니? ....

20   그것은 너희들에게 레몬들을 주니? ....

다음 영어에 맞는 한글문장을 적으시오.

1   I give dad apples.

2   You give mom bananas.

3   We give him grapes.

4   They give her kiwis.

5   I don't give dad apples.

6   You don't give mom bananas.

7   We don't give him grapes.

8   They don't give her kiwis.

9   Do I give dad apples?

10 Do you give mom bananas?

11 Do we give him grapes?

12 He gives us grapes.

13 She gives them kiwis.

14 It gives you lemons.

15 He doesn't give us grapes.

16 She doesn't give them kiwis.

17 It doesn't give you lemons.

18 Does he give us grapes?

19 Does she give them lemons?

20 Does it give you lemons?

Chapter 1~5 공통단어

I 나   you 너   we 우리   they 그들

Dooboo 두부(이름)   cat 고양이   dog 강아지

he 그   she 그녀   dad 아빠   mom 엄마

it 그것   boy 소년   girl 소녀

Chapter 2 단어 체크

☑ **birthday gift** 생일 선물   ☐ **robot** 로봇

☐ **birthday hat** 생일 모자   ☐ **doll** 인형

☐ **birthday cake** 생일 케이크   ☐ **kite** 연

☐ **birthday card** 생일 카드   ☐ **toy car** 장난감 자동차

☐ **birthday song** 생일 노래   ☐ **teddy bear** 곰인형

make 만들어주다

	주어	동사	간접목적어(~에게)	직접목적어(~을)
긍정문	I	make	+명사 (dad, mom, him, her, a boy, a girl...etc.)	+명사 (apples, bananas, lemons, kites, dolls...etc.)
	You	make		
	He	makes		
	It	makes		
부정문	I	don't make	+명사 (dad, mom, him, her, a boy, a girl...etc.)	+명사 (apples, bananas, lemons, kites, dolls...etc.)
	You	don't make		
	He	doesn't make		
	It	doesn't make		
의문문	I	Do I make~?	+명사 (dad, mom, him, her, a boy, a girl...etc.)	+명사 (apples, bananas, lemons, kites, dolls...etc.)
	You	Do you make~?		
	He	Does he make~?		
	It	Does it make~?		

1 **I make** dad   a birthday gift .

나는 만들어준다 아빠에게   하나의 생일 선물을

2 **You make** mom   a birthday hat .

너는 만들어준다 엄마에게   하나의 생일 모자를

3 **We make** him   a birthday cake .

우리는 만들어준다 그에게   하나의 생일 케이크를

4 **They make** her   a birthday card .

그들은 만들어준다 그녀에게   하나의 생일 카드를

5 **You make** it   a birthday song .

너희들은 만들어준다 그것에게   하나의 생일 노래를

6 **You and I make** Dooboo   a robot .

너와 나는 만들어준다 두부에게   하나의 로봇을

7 **Dooboo and I make** a boy   a doll .

두부와 나는 만들어준다 한 소년에게   하나의 인형을

8 **A cat and a dog make** a girl   a kite .

한 고양이와 한 강아지는 만들어준다 한 소녀에게   하나의 연을

9 **He and she make** a cat   a toy car .

그와 그녀는 만들어준다 한 고양이에게   하나의 장난감 자동차를

10 **My mom and dad make** a dog a teddy bear .

나의 엄마와 아빠는 만들어준다 한 강아지에게 하나의 곰인형을

빈칸 채우기 ①

1 I make _____ a birthday gift.

나는 만들어준다　아빠에게　하나의 생일 선물을

2 You make _____ a birthday hat.

너는　만들어준다　엄마에게　하나의 생일 모자를

3 We make _____ a birthday cake.

우리는 만들어준다　그에게　하나의 생일 케이크를

4 They make _____ a birthday card.

그들은　만들어준다　그녀에게　하나의 생일 카드를

5 You make _____ a birthday song.

너희들은 만들어준다　그것에게　하나의 생일 노래를

6 You and I make _____ a robot.

너와 나는　만들어준다　두부에게　하나의 로봇을

7 Dooboo and I make _____ a doll.

두부와 나는　만들어준다　한 소년에게　하나의 인형을

8 A cat and a dog make _____ a kite.

한 고양이와 한 강아지는　만들어준다　한 소녀에게　하나의 연을

9 He and she make _____ a toy car.

그와 그녀는　만들어준다　한 고양이에게　하나의 장난감 자동차를

10 My mom and dad make _____ a teddy bear.

나의 엄마와 아빠는　만들어준다　한 강아지에게　하나의 곰인형을

1 I make _____ _____.

나는 만들어준다 아빠에게   하나의 생일 선물을

2 You make _____ _____.

너는   만들어준다 엄마에게   하나의 생일 모자를

3 We make _____.

우리는 만들어준다 그에게   하나의 생일 케이크를

4 They make _____ _____.

그들은   만들어준다 그녀에게   하나의 생일 카드를

5 You make _____ _____.

너희들은 만들어준다 그것에게   하나의 생일 노래를

6 You and I make _____ _____.

너와 나는   만들어준다 두부에게   하나의 로봇을

7 Dooboo and I make _____ _____.

두부와 나는   만들어준다   한 소년에게   하나의 인형을

8 A cat and a dog make _____ .

한 고양이와 한 강아지는   만들어준다   한 소녀에게   하나의 연을

9 He and she make .

그와 그녀는   만들어준다   한 고양이에게   하나의 장난감 자동차를

10 My mom and dad make _____ .

나의 엄마와 아빠는   만들어준다   한 강아지에게   하나의 곰인형을

빈칸 채우기 ③

1

나는 아빠에게 하나의 생일 선물을 만들어준다.

2

너는 엄마에게 하나의 생일 모자를 만들어준다.

3

우리는 그에게 하나의 생일 케이크를 만들어준다.

4

그들은 그녀에게 하나의 생일 카드를 만들어준다.

5

너희들은 그것에게 하나의 생일 노래를 만들어준다.

6

너와 나는 두부에게 하나의 로봇을 만들어준다.

7

두부와 나는 한 소년에게 하나의 인형을 만들어준다.

8

한 고양이와 한 강아지는 한 소녀에게 하나의 연을 만들어준다.

9

그와 그녀는 한 고양이에게 하나의 장난감 자동차를 만들어준다.

10

나의 엄마와 아빠는 한 강아지에게 하나의 곰인형을 만들어준다.

따라쓰기

1 I don't make dad a birthday gift .

나는 만들어주지 않는다 아빠에게 하나의 생일 선물을

2 You don't make mom a birthday hat .

너는 만들어주지 않는다 엄마에게 하나의 생일 모자를

3 We don't make him a birthday cake .

우리는 만들어주지 않는다 그에게 하나의 생일 케이크를

4 They don't make her a birthday card .

그들은 만들어주지 않는다 그녀에게 하나의 생일 카드를

5 You don't make it a birthday song .

너희들은 만들어주지 않는다 그것에게 하나의 생일 노래를

6 You and I don't make Dooboo a robot .

너와 나는 만들어주지 않는다 두부에게 하나의 로봇을

7 Dooboo and I don't make a boy a doll .

두부와 나는 만들어주지 않는다 한 소년에게 하나의 인형을

8 A cat and a dog don't make a girl a kite .

한 고양이와 한 강아지는 만들어주지 않는다 한 소녀에게 하나의 연을

9 He and she don't make a cat a toy car .

그와 그녀는 만들어주지 않는다 한 고양이에게 하나의 장난감 자동차를

10 My mom and dad don't make a dog a teddy bear .

나의 엄마와 아빠는 만들어주지 않는다 한 강아지에게 하나의 곰인형을

빈칸 채우기 ①

1 I don't make   a birthday gift.

나는 만들어주지 않는다   아빠에게   하나의 생일 선물을

2 You don't make   a birthday hat.

너는 만들어주지 않는다   엄마에게   하나의 생일 모자를

3 We don't make   a birthday cake.

우리는 만들어주지 않는다   그에게   하나의 생일 케이크를

4 They don't make   a birthday card.

그들은 만들어주지 않는다   그녀에게   하나의 생일 카드를

5 You don't make   a birthday song.

너희들은 만들어주지 않는다   그것에게   하나의 생일 노래를

6 You and I don't make   a robot.

너와 나는   만들어주지 않는다   두부에게   하나의 로봇을

7 Dooboo and I don't make   a doll.

두부와 나는   만들어주지 않는다   한 소년에게   하나의 인형을

8 A cat and a dog don't make   a kite.

한 고양이와 한 강아지는   만들어주지 않는다   한 소녀에게   하나의 연을

9 He and she don't make   a toy car.

그와 그녀는   만들어주지 않는다   한 고양이에게   하나의 장난감 자동차를

10 My mom and dad don't make   a teddy bear.

나의 엄마와 아빠는   만들어주지 않는다 한 강아지에게 하나의 곰인형을

1 I don't make ⬚⬚⬚ ⬚⬚⬚ .

나는 만들어주지 않는다 아빠에게 하나의 생일 선물을

2 You don't make ⬚⬚⬚ .

너는 만들어주지 않는다 엄마에게 하나의 생일 모자를

3 We don't make ⬚⬚⬚ .

우리는 만들어주지 않는다 그에게 하나의 생일 케이크를

4 They don't make ⬚⬚⬚ ⬚⬚⬚ .

그들은 만들어주지 않는다 그녀에게 하나의 생일 카드를

5 You don't make ⬚⬚⬚ .

너희들은 만들어주지 않는다 그것에게 하나의 생일 노래를

6 You and I don't make ⬚⬚⬚ .

너와 나는 만들어주지 않는다 두부에게 하나의 로봇을

7 Dooboo and I don't make ⬚⬚⬚ ⬚⬚⬚ .

두부와 나는 만들어주지 않는다 한 소년에게 하나의 인형을

8 A cat and a dog don't make .

한 고양이와 한 강아지는 만들어주지 않는다 한 소녀에게 하나의 연을

9 He and she don't make ⬚⬚⬚ .

그와 그녀는 만들어주지 않는다 한 고양이에게 하나의 장난감 자동차를

10 My mom and dad don't make ⬚⬚⬚ .

나의 엄마와 아빠는 만들어주지 않는다 한 강아지에게 하나의 곰인형을

빈칸 채우기 ③

1

나는 아빠에게 하나의 생일 선물을 만들어주지 않는다.

2

너는 엄마에게 하나의 생일 모자를 만들어주지 않는다.

3

우리는 그에게 하나의 생일 케이크를 만들어주지 않는다.

4

그들은 그녀에게 하나의 생일 카드를 만들어주지 않는다.

5

너희들은 그것에게 하나의 생일 노래를 만들어주지 않는다.

6

너와 나는 두부에게 하나의 로봇을 만들어주지 않는다.

7

두부와 나는 한 소년에게 하나의 인형을 만들어주지 않는다.

8

한 고양이와 한 강아지는 한 소녀에게 하나의 연을 만들어주지 않는다.

9

그와 그녀는 한 고양이에게 하나의 장난감 자동차를 만들어주지 않는다.

10

나의 엄마와 아빠는 한 강아지에게 하나의 곰인형을 만들어주지 않는다.

따라쓰기

1 **Do I make** dad a birthday gift **?**

나는 만들어주니? 아빠에게 하나의 생일 선물을

2 **Do you make** mom a birthday hat **?**

너는 만들어주니? 엄마에게 하나의 생일 모자를

3 **Do we make** him a birthday cake **?**

우리는 만들어주니? 그에게 하나의 생일 케이크를

4 **Do they make** her a birthday card **?**

그들은 만들어주니? 그녀에게 하나의 생일 카드를

5 **Do you make** it a birthday song **?**

너희들은 만들어주니? 그것에게 하나의 생일 노래를

6 **Do you and I make** Dooboo a robot **?**

너와 나는 만들어주니? 두부에게 하나의 로봇을

7 **Do Dooboo and I make** a boy a doll **?**

두부와 나는 만들어주니? 한 소년에게 하나의 인형을

8 **Do a cat and a dog make** a girl a kite **?**

한 고양이와 한 강아지는 만들어주니? 한 소녀에게 하나의 연을

9 **Do he and she make** a cat a toy car **?**

그와 그녀는 만들어주니? 한 고양이에게 하나의 장난감 자동차를

10 **Do my mom and dad make** a dog a teddy bear **?**

나의 엄마와 아빠는 만들어주니? 한 강아지에게 하나의 곰인형을

1 Do I make _____ a birthday gift?

나는   만들어주니?   아빠에게   하나의 생일 선물을

2 Do you make _____ a birthday hat?

너는   만들어주니?   엄마에게   하나의 생일 모자를

3 Do we make _____ a birthday cake?

우리는   만들어주니?   그에게   하나의 생일 케이크를

4 Do they make _____ a birthday card?

그들은   만들어주니?   그녀에게   하나의 생일 카드를

5 Do you make _____ a birthday song?

너희들은   만들어주니?   그것에게   하나의 생일 노래를

6 Do you and I make _____ a robot?

너와 나는   만들어주니?   두부에게   하나의 로봇을

7 Do Dooboo and I make _____ a doll?

두부와 나는   만들어주니?   한 소년에게   하나의 인형을

8 Do a cat and a dog make _____ a kite?

한 고양이와 한 강아지는   만들어주니?   한 소녀에게   하나의 연을

9 Do he and she make _____ a toy car?

그와 그녀는   만들어주니?   한 고양이에게   하나의 장난감 자동차를

10 Do my mom and dad make _____ a teddy bear?

나의 엄마와 아빠는   만들어주니?   한 강아지에게   하나의 곰인형을

unit 9 빈칸 채우기 ②

1 Do I make _____ _____ ?

나는   만들어주니? 아빠에게   하나의 생일 선물을

2 Do you make _____ _____ ?

너는   만들어주니? 엄마에게   하나의 생일 모자를

3 Do we make _____ _____ ?

우리는   만들어주니? 그에게   하나의 생일 케이크를

4 Do they make _____ _____ ?

그들은   만들어주니? 그녀에게   하나의 생일 카드를

5 Do you make _____ _____ ?

너희들은   만들어주니? 그것에게   하나의 생일 노래를

6 Do you and I make _____ _____ ?

너와 나는   만들어주니? 두부에게   하나의 로봇을

7 Do Dooboo and I make _____ _____ ?

두부와 나는   만들어주니? 한 소년에게   하나의 인형을

8 Do a cat and a dog make _____ _____ ?

한 고양이와 한 강아지는   만들어주니? 한 소녀에게   하나의 연을

9 Do he and she make _____ _____ ?

그와 그녀는   만들어주니? 한 고양이에게   하나의 장난감 자동차를

10 Do my mom and dad make _____ _____ ?

나의 엄마와 아빠는   만들어주니? 한 강아지에게   하나의 곰인형을

빈칸 채우기 ③

1

나는 아빠에게 하나의 생일 선물을 만들어주니?

2

너는 엄마에게 하나의 생일 모자를 만들어주니?

3

우리는 그에게 하나의 생일 케이크를 만들어주니?

4

그들은 그녀에게 하나의 생일 카드를 만들어주니?

5

너희들은 그것에게 하나의 생일 노래를 만들어주니?

6

너와 나는 두부에게 하나의 로봇을 만들어주니?

7

두부와 나는 한 소년에게 하나의 인형을 만들어주니?

8

한 고양이와 한 강아지는 한 소녀에게 하나의 연을 만들어주니?

9

그와 그녀는 한 고양이에게 하나의 장난감 자동차를 만들어주니?

10

나의 엄마와 아빠는 한 강아지에게 하나의 곰인형을 만들어주니?

1 Dad makes me a birthday gift .
아빠는 만들어준다 나에게 하나의 생일 선물을

2 Mom makes you a birthday hat .
엄마는 만들어준다 너에게 하나의 생일 모자를

3 He makes us a birthday cake .
그는 만들어준다 우리에게 하나의 생일 케이크를

4 She makes them a birthday card .
그녀는 만들어준다 그들에게 하나의 생일 카드를

5 It makes you a birthday song .
그것은 만들어준다 너희들에게 하나의 생일 노래를

6 Dooboo makes you and me a robot .
두부는 만들어준다 너와 나에게 하나의 로봇을

7 A boy makes Dooboo and me a doll .
한 소년은 만들어준다 두부와 나에게 하나의 인형을

8 A girl makes a cat and a dog a kite .
한 소녀는 만들어준다 한 고양이와 한 강아지에게 하나의 연을

9 A cat makes him and her a toy car .
한 고양이는 만들어준다 그와 그녀에게 하나의 장난감 자동차를

10 A dog makes my mom and dad a teddy bear .
한 강아지는 만들어준다 나의 엄마와 아빠에게 하나의 곰인형을

1 Dad makes _____ a birthday gift.

아빠는 만들어준다   나에게   하나의 생일 선물을

2 Mom makes _____ a birthday hat.

엄마는 만들어준다   너에게   하나의 생일 모자를

3 He makes _____ a birthday cake.

그는 만들어준다   우리에게   하나의 생일 케이크를

4 She makes _____ a birthday card.

그녀는 만들어준다   그들에게   하나의 생일 카드를

5 It makes _____ a birthday song.

그것은 만들어준다   너희들에게   하나의 생일 노래를

6 Dooboo makes _____ a robot.

두부는 만들어준다   너와 나에게   하나의 로봇을

7 A boy makes _____ a doll.

한 소년은 만들어준다   두부와 나에게   하나의 인형을

8 A girl makes _____ a kite.

한 소녀는 만들어준다   한 고양이와 한 강아지에게   하나의 연을

9 A cat makes _____ a toy car.

한 고양이는 만들어준다   그와 그녀에게   하나의 장난감 자동차를

10 A dog makes _____ a teddy bear.

한 강아지는 만들어준다   나의 엄마와 아빠에게   하나의 곰인형을

unit
10

1 Dad makes [   ] [   ].

아빠는   만들어준다   나에게   하나의 생일 선물을

2 Mom makes [   ] [   ].

엄마는   만들어준다   너에게   하나의 생일 모자를

3 He makes [   ] [   ].

그는   만들어준다   우리에게   하나의 생일 케이크를

4 She makes [   ] [   ].

그녀는 만들어준다   그들에게   하나의 생일 카드를

5 It makes [   ] [   ].

그것은 만들어준다 너희들에게   하나의 생일 노래를

6 Dooboo makes [   ] [   ].

두부는   만들어준다   너와 나에게   하나의 로봇을

7 A boy makes [   ] [   ].

한 소년은   만들어준다   두부와 나에게   하나의 인형을

8 A girl makes [   ] [   ].

한 소녀는   만들어준다   한 고양이와 한 강아지에게   하나의 연을

9 A cat makes [   ] [   ].

한 고양이는 만들어준다   그와 그녀에게   하나의 장난감 자동차를

10 A dog makes [   ] [   ].

한 강아지는 만들어준다   나의 엄마와 아빠에게   하나의 곰인형을

1

아빠는 나에게 하나의 생일 선물을 만들어준다.

2

엄마는 너에게 하나의 생일 모자를 만들어준다.

3

그는 우리에게 하나의 생일 케이크를 만들어준다.

4

그녀는 그들에게 하나의 생일 카드를 만들어준다.

5

그것은 너희들에게 하나의 생일 노래를 만들어준다.

6

두부는 너와 나에게 하나의 로봇을 만들어준다.

7

한 소년은 두부와 나에게 하나의 인형을 만들어준다.

8

한 소녀는 한 고양이와 한 강아지에게 하나의 연을 만들어준다.

9

한 고양이는 그와 그녀에게 하나의 장난감 자동차를 만들어준다.

unit
10

10

한 강아지는 나의 엄마와 아빠에게 하나의 곰인형을 만들어준다.

1 **Dad doesn't make** me a birthday gift .

아빠는 만들어주지 않는다 나에게 하나의 생일 선물을

2 **Mom doesn't make** you a birthday hat .

엄마는 만들어주지 않는다 너에게 하나의 생일 모자를

3 **He doesn't make** us a birthday cake .

그는 만들어주지 않는다 우리에게 하나의 생일 케이크를

4 **She doesn't make** them a birthday card .

그녀는 만들어주지 않는다 그들에게 하나의 생일 카드를

5 **It doesn't make** you a birthday song .

그것은 만들어주지 않는다 너희들에게 하나의 생일 노래를

6 **Dooboo doesn't make** you and me a robot .

두부는 만들어주지 않는다 너와 나에게 하나의 로봇을

7 **A boy doesn't make** Dooboo and me a doll .

한 소년은 만들어주지 않는다 두부와 나에게 하나의 인형을

8 **A girl doesn't make** a cat and a dog a kite .

한 소녀는 만들어주지 않는다 한 고양이와 한 강아지에게 하나의 연을

9 **A cat doesn't make** him and her a toy car .

한 고양이는 만들어주지 않는다 그와 그녀에게 하나의 장난감 자동차를

10 **A dog doesn't make** my mom and dad a teddy bear .

한 강아지는 만들어주지 않는다 나의 엄마와 아빠에게 하나의 곰인형을

1 Dad doesn't make　　　　　　　　　a birthday gift.

아빠는　만들어주지 않는다　　　　나에게　　　하나의 생일 선물을

2 Mom doesn't make　　　　　　　　a birthday hat.

엄마는　만들어주지 않는다　　　　너에게　　　하나의 생일 모자를

3 He doesn't make　　　　　　　　　a birthday cake.

그는　만들어주지 않는다　　　　우리에게　　　하나의 생일 케이크를

4 She doesn't make　　　　　　　　a birthday card.

그녀는　만들어주지 않는다　　　　그들에게　　　하나의 생일 카드를

5 It doesn't make　　　　　　　　　a birthday song.

그것은 만들어주지 않는다　　　너희들에게　　　하나의 생일 노래를

6 Dooboo doesn't make　　　　　　　　a robot.

두부는　　만들어주지 않는다　　　너와 나에게　　　하나의 로봇을

7 A boy doesn't make　　　　　　　　a doll.

한 소년은　만들어주지 않는다　　　두부와 나에게　　　하나의 인형을

8 A girl doesn't make　　　　　　　　a kite.

한 소녀는　만들어주지 않는다　　한 고양이와 한 강아지에게　　하나의 연을

9 A cat doesn't make　　　　　　　　a toy car.

한 고양이는 만들어주지 않는다　　　그와 그녀에게　　　하나의 장난감 자동차를

10 A dog doesn't make　　　　　　　a teddy bear.

한 강아지는 만들어주지 않는다　　나의 엄마와 아빠에게　　하나의 곰인형을

1 Dad doesn't make [_____] [_____] .
아빠는   만들어주지 않는다   나에게   하나의 생일 선물을

2 Mom doesn't make [_____] [_____] .
엄마는   만들어주지 않는다   너에게   하나의 생일 모자를

3 He doesn't make [_____] [_____] .
그는   만들어주지 않는다   우리에게   하나의 생일 케이크를

4 She doesn't make [_____] [_____] .
그녀는   만들어주지 않는다   그들에게   하나의 생일 카드를

5 It doesn't make [_____] [_____] .
그것은 만들어주지 않는다   너희들에게   하나의 생일 노래를

6 Dooboo doesn't make [_____] [_____] .
두부는   만들어주지 않는다   너와 나에게   하나의 로봇을

7 A boy doesn't make [_____] [_____] .
한 소년은   만들어주지 않는다   두부와 나에게   하나의 인형을

8 A girl doesn't make [_____] [_____] .
한 소녀는   만들어주지 않는다   한 고양이와 한 강아지에게 하나의 연을

9 A cat doesn't make [_____] [_____] .
한 고양이는 만들어주지 않는다   그와 그녀에게   하나의 장난감 자동차를

10 A dog doesn't make [_____] [_____] .
한 강아지는 만들어주지 않는다   나의 엄마와 아빠에게   하나의 곰인형을

unit 11 빈칸 채우기 ③

1

아빠는 나에게 하나의 생일 선물을 만들어주지 않는다.

2

엄마는 너에게 하나의 생일 모자를 만들어주지 않는다.

3

그는 우리에게 하나의 생일 케이크를 만들어주지 않는다.

4

그녀는 그들에게 하나의 생일 카드를 만들어주지 않는다.

5

그것은 너희들에게 하나의 생일 노래를 만들어주지 않는다.

6

두부는 너와 나에게 하나의 로봇을 만들어주지 않는다.

7

한 소년은 두부와 나에게 하나의 인형을 만들어주지 않는다.

8

한 소녀는 한 고양이와 한 강아지에게 하나의 연을 만들어주지 않는다.

9

한 고양이는 그와 그녀에게 하나의 장난감 자동차를 만들어주지 않는다.

10

한 강아지는 나의 엄마와 아빠에게 하나의 곰인형을 만들어주지 않는다.

따라쓰기

1 **Does dad make** me a birthday gift **?**

아빠는   만들어주니? 나에게   하나의 생일 선물을

2 **Does mom make** you a birthday hat **?**

엄마는   만들어주니? 너에게   하나의 생일 모자를

3 **Does he make** us a birthday cake **?**

그는   만들어주니? 우리에게   하나의 생일 케이크를

4 **Does she make** them a birthday card **?**

그녀는   만들어주니? 그들에게   하나의 생일 카드를

5 **Does it make** you a birthday song **?**

그것은   만들어주니? 너희들에게   하나의 생일 노래를

6 **Does Dooboo make** you and me a robot **?**

두부는   만들어주니? 너와 나에게   하나의 로봇을

7 **Does a boy make** Dooboo and me a doll **?**

한 소년은   만들어주니? 두부와 나에게   하나의 인형을

8 **Does a girl make** a cat and a dog a kite **?**

한 소녀는   만들어주니? 한 고양이와 한 강아지에게   하나의 연을

9 **Does a cat make** him and her a toy car **?**

한 고양이는   만들어주니? 그와 그녀에게   하나의 장난감 자동차를

10 **Does a dog make** my mom and dad a teddy bear **?**

한 강아지는   만들어주니? 나의 엄마와 아빠에게   하나의 곰인형을

빈칸 채우기 ①

1 Does dad make　　　　　　a birthday gift?

아빠는　　　　만들어주니?　나에게　　　하나의 생일 선물을

2 Does mom make　　　　　　a birthday hat?

엄마는　　　　만들어주니?　너에게　　　하나의 생일 모자를

3 Does he make　　　　　　a birthday cake?

그는　　　만들어주니?　우리에게　　　하나의 생일 케이크를

4 Does she make　　　　　　a birthday card?

그녀는　　　만들어주니?　그들에게　　　하나의 생일 카드를

5 Does it make　　　　　　a birthday song?

그것은　　만들어주니?　너희들에게　　하나의 생일 노래를

6 Does Dooboo make　　　　　　a robot?

두부는　　　　만들어주니?　너와 나에게　　하나의 로봇을

7 Does a boy make　　　　　　a doll?

한 소년은　　　만들어주니?　두부와 나에게　　하나의 인형을

8 Does a girl make　　　　　　a kite?

한 소녀는　　　만들어주니?　한 고양이와 한 강아지에게　하나의 연을

9 Does a cat make　　　　　　a toy car?

한 고양이는　　만들어주니?　그와 그녀에게　　하나의 장난감 자동차를

10 Does a dog make　　　　　　a teddy bear?

한 강아지는　　만들어주니? 나의 엄마와 아빠에게　하나의 곰인형을

61

빈칸 채우기 ②

1 Does dad make ⬜⬜ ⬜⬜ ?

아빠는　　　　만들어주니?　나에게　　　하나의 생일 선물을

2 Does mom make ⬜⬜ ⬜⬜ ?

엄마는　　　　만들어주니?　너에게　　　하나의 생일 모자를

3 Does he make ⬜⬜ ⬜⬜ ?

그는　　　　만들어주니?　우리에게　　　하나의 생일 케이크를

4 Does she make ⬜⬜ ⬜⬜ ?

그녀는　　　　만들어주니?　그들에게　　　하나의 생일 카드를

5 Does it make ⬜⬜ ⬜⬜ ?

그것은　　　　만들어주니?　너희들에게　　하나의 생일 노래를

6 Does Dooboo make ⬜⬜ ⬜⬜ ?

두부는　　　　만들어주니?　너와 나에게　　　하나의 로봇을

7 Does a boy make ⬜⬜ ⬜⬜ ?

한 소년은　　　　만들어주니?　두부와 나에게　　　하나의 인형을

8 Does a girl make ⬜⬜ ⬜⬜ ?

한 소녀는　　　　만들어주니?　한 고양이와 한 강아지에게　　하나의 연을

9 Does a cat make ⬜⬜ ⬜⬜ ?

한 고양이는　　　만들어주니?　그와 그녀에게　　　하나의 장난감 자동차를

10 Does a dog make ⬜⬜ ⬜⬜ ?

한 강아지는　　　　만들어주니?　나의 엄마와 아빠에게　　　하나의 곰인형을

1

아빠는 나에게 하나의 생일 선물을 만들어주니?

2

엄마는 너에게 하나의 생일 모자를 만들어주니?

3

그는 우리에게 하나의 생일 케이크를 만들어주니?

4

그녀는 그들에게 하나의 생일 카드를 만들어주니?

5

그것은 너희들에게 하나의 생일 노래를 만들어주니?

6

두부는 너와 나에게 하나의 로봇을 만들어주니?

7

한 소년은 두부와 나에게 하나의 인형을 만들어주니?

8

한 소녀는 한 고양이와 한 강아지에게 하나의 연을 만들어주니?

9

한 고양이는 그와 그녀에게 하나의 장난감 자동차를 만들어주니?

10

한 강아지는 나의 엄마와 아빠에게 하나의 곰인형을 만들어주니?

다음 한글에 맞는 영어문장을 적으시오.

1 나는 아빠에게 하나의 생일 선물을 만들어준다.

2 너희들은 그것에게 하나의 생일 노래를 만들어준다.

3 그와 그녀는 한 고양이에게 하나의 장난감 자동차를 만들어준다.

4 나의 엄마와 아빠는 한 강아지에게 하나의 곰인형을 만들어준다.

5 너희들은 그것에게 하나의 생일 노래를 만들어주지 않는다.

6 한 고양이와 한 강아지는 한 소녀에게 한 연을 만들어주지 않는다.

7 그와 그녀는 한 고양이에게 하나의 장난감 자동차를 만들어주지 않는다.

8 나의 엄마와 아빠는 한 강아지에게 하나의 곰인형을 만들어주지 않는다.

9 너희들은 그것에게 하나의 생일 노래를 만들어주니?

10 한 고양이와 한 강아지는 한 소녀에게 한 연을 만들어주니?

11 그와 그녀는 한 고양이에게 하나의 장난감 자동차를 만들어주니?

12 나의 엄마와 아빠는 한 강아지에게 하나의 곰인형을 만들어주니?

13 엄마는 너에게 하나의 생일 모자를 만들어준다.

14 그녀는 그들에게 하나의 생일 카드를 만들어준다.

15 그것은 너희들에게 하나의 생일 노래를 만들어준다.

16 두부는 너와 나에게 하나의 로봇을 만들어준다.

17 엄마는 나에게 하나의 생일 모자를 만들어주지 않는다.

18 그녀는 그들에게 하나의 생일 카드를 만들어주지 않는다.

19 그것은 너희들에게 하나의 생일 노래를 만들어주지 않는다.

20 두부는 너와 나에게 하나의 로봇을 만들어주지 않는다.

다음 영어에 맞는 한글문장을 적으시오.

1   I make dad a birthday gift.

2   You make it a birthday song.

3   He and she make a cat a toy car.

4   My mom and dad make a dog a teddy bear.

5   You don't make it a birthday song.

6   A cat and a dog don't make a girl a kite.

7   He and she don't make a cat a toy car.

8   My mom and dad don't make a dog a teddy bear.

9   Do you make it a birthday song?

10   Do a cat and a dog make a girl a kite?

11   Do he and she make a cat a toy car?

12   Do my mom and dad make a dog a teddy bear?

13   Mom makes you a birthday hat.

14   She makes them a birthday card.

15   It makes you a birthday song.

16   Dooboo makes you and me a robot.

17   Mom doesn't make you a birthday hat.

18   She doesn't make them a birthday card.

19   It doesn't make you a birthday song.

20   Dooboo doesn't make you and me a robot.

Chapter 1~5 공통단어

I 나   you 너   we 우리   they 그들

Dooboo 두부(이름)   cat 고양이   dog 강아지

he 그   she 그녀   dad 아빠   mom 엄마

it 그것   boy 소년   girl 소녀

Chapter 3 단어 체크

☑ cap 모자   ☐ shoes 신발

☐ T-shirt 티셔츠   ☐ socks 양말

☐ jacket 재킷   ☐ skirt 치마

☐ pants 바지   ☐ coat 코트

☐ shorts 반바지   ☐ raincoat 우비, 비옷

Chapter 3

buy 사주다

	주어	동사	간접목적어(~에게)	직접목적어(~을)
긍정문	I	buy	+명사 (dad, mom, him, her, a boy, a girl...etc.)	+명사 (apples, bananas, lemons, kites, dolls...etc.)
	You	buy		
	He	buys		
	It	buys		
부정문	I	don't buy	+명사 (dad, mom, him, her, a boy, a girl...etc.)	+명사 (apples, bananas, lemons, kites, dolls...etc.)
	You	don't buy		
	He	doesn't buy		
	It	doesn't buy		
의문문	I	Do I buy~?	+명사 (dad, mom, him, her, a boy, a girl...etc.)	+명사 (apples, bananas, lemons, kites, dolls...etc.)
	You	Do you buy~?		
	He	Does he buy~?		
	It	Does it buy~?		

unit 13 따라쓰기

1 I buy dad a cap .
나는 사준다 아빠에게   하나의 모자를

2 You buy mom a T-shirt .
너는 사준다 엄마에게   하나의 티셔츠를

3 We buy him a jacket .
우리는 사준다 그에게   하나의 재킷을

4 They buy her pants .
그들은 사준다 그녀에게   바지를

5 You buy it shorts .
너희들은 사준다 그것에게   반바지를

6 You and I buy Dooboo shoes .
너와 나는   사준다 두부에게   신발을

7 Dooboo and I buy a boy socks .
두부와 나는   사준다 한 소년에게   양말을

8 A cat and a dog buy a girl a skirt .
한 고양이와 한 강아지는   사준다 한 소녀에게   하나의 치마를

9 He and she buy a cat a coat .
그와 그녀는   사준다 한 고양이에게   하나의 코트를

10 My mom and dad buy a dog a raincoat .
나의 엄마와 아빠는   사준다 한 강아지에게   하나의 우비를

68

1 I buy　　　　　　　 a cap.

나는 사준다　　아빠에게　　　하나의 모자를

2 You buy　　　　　　　 a T-shirt.

너는　사준다　　엄마에게　　　하나의 티셔츠를

3 We buy　　　　　　　 a jacket.

우리는 사준다　　그에게　　　하나의 재킷을

4 They buy　　　　　　　 pants.

그들은　사준다　　그녀에게　　바지를

5 You buy　　　　　　　 shorts.

너희들은 사준다　　그것에게　　반바지를

6 You and I buy　　　　　　　 shoes.

너와 나는　　사준다　　두부에게　　신발을

7 Dooboo and I buy　　　　　　　 socks.

두부와 나는　　　사준다　　한 소년에게　　양말을

8 A cat and a dog buy　　　　　　 a skirt.

한 고양이와 한 강아지는　　사준다　　한 소녀에게　　하나의 치마를

9 He and she buy　　　　　　 a coat.

그와 그녀는　　사준다　　한 고양이에게　　하나의 코트를

10 My mom and dad buy　　　　　 a raincoat.

나의 엄마와 아빠는　　　사준다　　한 강아지에게　　하나의 우비를

1 I buy

나는 사준다 아빠에게   하나의 모자를

2 You buy

너는   사준다   엄마에게   하나의 티셔츠를

3 We buy

우리는 사준다   그에게   하나의 재킷을

4 They buy

그들은   사준다   그녀에게   바지를

5 You buy

너희들은 사준다   그것에게   반바지를

6 You and I buy

너와 나는   사준다   두부에게   신발을

7 Dooboo and I buy

두부와 나는   사준다   한 소년에게   양말을

8 A cat and a dog buy

한 고양이와 한 강아지는   사준다   한 소녀에게   하나의 치마를

9 He and she buy

그와 그녀는   사준다   한 고양이에게   하나의 코트를

10 My mom and dad buy

나의 엄마와 아빠는   사준다   한 강아지에게   하나의 우비를

빈칸 채우기 ③

1

나는 아빠에게 하나의 모자를 사준다.

2

너는 엄마에게 하나의 티셔츠를 사준다.

3

우리는 그에게 하나의 재킷을 사준다.

4

그들은 그녀에게 바지를 사준다.

5

너희들은 그것에게 반바지를 사준다.

6

너와 나는 두부에게 신발을 사준다.

7

두부와 나는 한 소년에게 양말을 사준다.

8

한 고양이와 한 강아지는 한 소녀에게 하나의 치마를 사준다.

9

그와 그녀는 한 고양이에게 하나의 코트를 사준다.

10

나의 엄마와 아빠는 한 강아지에게 하나의 우비를 사준다.

따라쓰기

1 I don't buy ⬚dad⬚ ⬚a cap⬚ .

나는 사주지 않는다　아빠에게　　　하나의 모자를

2 You don't buy ⬚mom⬚ ⬚a T-shirt⬚ .

너는　사주지 않는다　　엄마에게　　　하나의 티셔츠를

3 We don't buy ⬚him⬚ ⬚a jacket⬚ .

우리는 사주지 않는다　　그에게　　　하나의 재킷을

4 They don't buy ⬚her⬚ ⬚pants⬚ .

그들은　사주지 않는다　　그녀에게　　　바지를

5 You don't buy ⬚it⬚ ⬚shorts⬚ .

너희들은 사주지 않는다　　그것에게　　　반바지를

6 You and I don't buy ⬚Dooboo⬚ ⬚shoes⬚ .

너와 나는　　　사주지 않는다　　두부에게　　　　신발을

7 Dooboo and I don't buy ⬚a boy⬚ ⬚socks⬚ .

두부와 나는　　　　사주지 않는다　　한 소년에게　　　양말을

8 A cat and a dog don't buy ⬚a girl⬚ ⬚a skirt⬚ .

한 고양이와 한 강아지는　　　사주지 않는다　　한 소녀에게　　하나의 치마를

9 He and she don't buy ⬚a cat⬚ ⬚a coat⬚ .

그와 그녀는　　　사주지 않는다　　한 고양이에게　　하나의 코트를

10 My mom and dad don't buy ⬚a dog⬚ ⬚a raincoat⬚ .

나의 엄마와 아빠는　　　　사주지 않는다　한 강아지에게 하나의 우비를

빈칸 채우기 ①

1 I don't buy ____ a cap.

나는 사주지 않는다   아빠에게   하나의 모자를

2 You don't buy ____ a T-shirt.

너는   사주지 않는다   엄마에게   하나의 티셔츠를

3 We don't buy ____ a jacket.

우리는 사주지 않는다   그에게   하나의 재킷을

4 They don't buy ____ pants.

그들은   사주지 않는다   그녀에게   바지를

5 You don't buy ____ shorts.

너희들은 사주지 않는다   그것에게   반바지를

6 You and I don't buy ____ shoes.

너와 나는   사주지 않는다   두부에게   신발을

7 Dooboo and I don't buy ____ socks.

두부와 나는   사주지 않는다   한 소년에게   양말을

8 A cat and a dog don't buy ____ a skirt.

한 고양이와 한 강아지는   사주지 않는다   한 소녀에게   하나의 치마를

9 He and she don't buy ____ a coat.

그와 그녀는   사주지 않는다   한 고양이에게   하나의 코트를

10 My mom and dad don't buy ____ a raincoat.

나의 엄마와 아빠는   사주지 않는다   한 강아지에게   하나의 우비를

빈칸 채우기 ②

1 I don't buy ⬚ ⬚ .

나는 사주지 않는다　　아빠에게　　　　하나의 모자를

2 You don't buy ⬚ ⬚ .

너는　사주지 않는다　　엄마에게　　　　하나의 티셔츠를

3 We don't buy ⬚ ⬚ .

우리는 사주지 않는다　　그에게　　　　하나의 재킷을

4 They don't buy ⬚ ⬚ .

그들은　사주지 않는다　　그녀에게　　　　바지를

5 You don't buy ⬚ ⬚ .

너희들은 사주지 않는다　　그것에게　　　　반바지를

6 You and I don't buy ⬚ .

너와 나는　　사주지 않는다　　두부에게　　　　신발을

7 Dooboo and I don't buy ⬚ ⬚ .

두부와 나는　　　사주지 않는다　　한 소년에게　　양말을

8 A cat and a dog don't buy ⬚ ⬚ .

한 고양이와 한 강아지는　　사주지 않는다　　한 소녀에게　　하나의 치마를

9 He and she don't buy ⬚ .

그와 그녀는　　사주지 않는다　　한 고양이에게　　하나의 코트를

10 My mom and dad don't buy ⬚ .

나의 엄마와 아빠는　　　사주지 않는다　　한 강아지에게　　하나의 우비를

빈칸 채우기 ③

1

나는 아빠에게 하나의 모자를 사주지 않는다.

2

너는 엄마에게 하나의 티셔츠를 사주지 않는다.

3

우리는 그에게 하나의 재킷을 사주지 않는다.

4

그들은 그녀에게 바지를 사주지 않는다.

5

너희들은 그것에게 반바지를 사주지 않는다.

6

너와 나는 두부에게 신발을 사주지 않는다.

7

두부와 나는 한 소년에게 양말을 사주지 않는다.

8

한 고양이와 한 강아지는 한 소녀에게 하나의 치마를 사주지 않는다.

9

그와 그녀는 한 고양이에게 하나의 코트를 사주지 않는다.

10

나의 엄마와 아빠는 한 강아지에게 하나의 우비를 사주지 않는다.

따라쓰기

1 **Do I buy** dad a cap **?**

나는 　사주니?　아빠에게 　　　　하나의 모자를

2 **Do you buy** mom a T-shirt **?**

너는 　　사주니?　엄마에게 　　　　하나의 티셔츠를

3 **Do we buy** him a jacket **?**

우리는 　사주니?　그에게 　　　　하나의 재킷을

4 **Do they buy** her pants **?**

그들은 　사주니?　그녀에게 　　　바지를

5 **Do you buy** it shorts **?**

너희들은 　사주니?　그것에게 　　　반바지를

6 **Do you and I buy** Dooboo shoes **?**

너와 나는 　　　　사주니?　두부에게 　　　신발을

7 **Do Dooboo and I buy** a boy socks **?**

두부와 나는 　　　　　사주니?　한 소년에게 　　양말을

8 **Do a cat and a dog buy** a girl a skirt **?**

한 고양이와 한 강아지는 　　사주니?　한 소녀에게 　　하나의 치마를

9 **Do he and she buy** a cat a coat **?**

그와 그녀는 　　사주니?　한 고양이에게 　　　하나의 코트를

10 **Do my mom and dad buy** a dog a raincoat **?**

나의 엄마와 아빠는 　　　사주니?　한 강아지에게 　하나의 우비를

빈칸 채우기 ①

1 Do I buy a cap?

나는   사주니?   아빠에게   하나의 모자를

2 Do you buy a T-shirt?

너는   사주니?   엄마에게   하나의 티셔츠를

3 Do we buy a jacket?

우리는   사주니?   그에게   하나의 재킷을

4 Do they buy pants?

그들은   사주니?   그녀에게   바지를

5 Do you buy shorts?

너희들은   사주니?   그것에게   반바지를

6 Do you and I buy shoes?

너와 나는   사주니?   두부에게   신발을

7 Do Dooboo and I buy socks?

두부와 나는   사주니?   한 소년에게   양말을

8 Do a cat and a dog buy a skirt?

한 고양이와 한 강아지는   사주니?   한 소녀에게   하나의 치마를

9 Do he and she buy a coat?

그와 그녀는   사주니?   한 고양이에게   하나의 코트를

10 Do my mom and dad buy a raincoat?

나의 엄마와 아빠는   사주니?   한 강아지에게   하나의 우비를

빈칸 채우기 ②

1 Do I buy [   ]   ?

나는   사주니?   아빠에게   하나의 모자를

2 Do you buy   ?

너는   사주니?   엄마에게   하나의 티셔츠를

3 Do we buy   ?

우리는   사주니?   그에게   하나의 재킷을

4 Do they buy   ?

그들은   사주니?   그녀에게   바지를

5 Do you buy   ?

너희들은   사주니?   그것에게   반바지를

6 Do you and I buy   ?

너와 나는   사주니?   두부에게   신발을

7 Do Dooboo and I buy   ?

두부와 나는   사주니?   한 소년에게   양말을

8 Do a cat and a dog buy   ?

한 고양이와 한 강아지는   사주니?   한 소녀에게   하나의 치마를

9 Do he and she buy   ?

그와 그녀는   사주니?   한 고양이에게   하나의 코트를

10 Do my mom and dad buy   ?

나의 엄마와 아빠는   사주니? 한 강아지에게   하나의 우비를

빈칸 채우기 ③

1

나는 아빠에게 하나의 모자를 사주니?

2

너는 엄마에게 하나의 티셔츠를 사주니?

3

우리는 그에게 하나의 재킷을 사주니?

4

그들은 그녀에게 바지를 사주니?

5

너희들은 그것에게 반바지를 사주니?

6

너와 나는 두부에게 신발을 사주니?

7

두부와 나는 한 소년에게 양말을 사주니?

8

한 고양이와 한 강아지는 한 소녀에게 하나의 치마를 사주니?

9

그와 그녀는 한 고양이에게 하나의 코트를 사주니?

10

나의 엄마와 아빠는 한 강아지에게 하나의 우비를 사주니?

따라쓰기

1 **Dad buys** me a cap .

아빠는 사준다 나에게 하나의 모자를

2 **Mom buys** you a T-shirt .

엄마는 사준다 너에게 하나의 티셔츠를

3 **He buys** us a jacket .

그는 사준다 우리에게 하나의 재킷을

4 **She buys** them pants .

그녀는 사준다 그들에게 바지를

5 **It buys** you shorts .

그것은 사준다 너희들에게 반바지를

6 **Dooboo buys** you and me shoes .

두부는 사준다 너와 나에게 신발을

7 **A boy buys** Dooboo and me socks .

한 소년은 사준다 두부와 나에게 양말을

8 **A girl buys** a cat and a dog a skirt .

한 소녀는 사준다 한 고양이와 한 강아지에게 하나의 치마를

9 **A cat buys** him and her a coat .

한 고양이는 사준다 그와 그녀에게 하나의 코트를

10 **A dog buys** my mom and dad a raincoat .

한 강아지는 사준다 나의 엄마와 아빠에게 하나의 우비를

1 Dad buys   a cap.

아빠는   사준다   나에게   하나의 모자를

2 Mom buys   a T-shirt.

엄마는   사준다   너에게   하나의 티셔츠를

3 He buys   a jacket.

그는 사준다   우리에게   하나의 재킷을

4 She buys   pants.

그녀는 사준다   그들에게   바지를

5 It buys   shorts.

그것은 사준다   너희들에게   반바지를

6 Dooboo buys   shoes.

두부는   사준다   너와 나에게   신발을

7 A boy buys   socks.

한 소년은 사준다   두부와 나에게   양말을

8 A girl buys   a skirt.

한 소녀는   사준다   한 고양이와 한 강아지에게   하나의 치마를

9 A cat buys   a coat.

한 고양이는 사준다   그와 그녀에게   하나의 코트를

10 A dog buys   a raincoat.

한 강아지는 사준다   나의 엄마와 아빠에게   하나의 우비를

unit 16

1 Dad buys _____ _____ .

아빠는 사준다 나에게 하나의 모자를

2 Mom buys _____ _____ .

엄마는 사준다 너에게 하나의 티셔츠를

3 He buys _____ _____ .

그는 사준다 우리에게 하나의 재킷을

4 She buys _____ _____ .

그녀는 사준다 그들에게 바지를

5 It buys _____ _____ .

그것은 사준다 너희들에게 반바지를

6 Dooboo buys _____ _____ .

두부는 사준다 너와 나에게 신발을

7 A boy buys _____ _____ .

한 소년은 사준다 두부와 나에게 양말을

8 A girl buys _____ _____ .

한 소녀는 사준다 한 고양이와 한 강아지에게 하나의 치마를

9 A cat buys _____ _____ .

한 고양이는 사준다 그와 그녀에게 하나의 코트를

10 A dog buys _____ _____ .

한 강아지는 사준다 나의 엄마와 아빠에게 하나의 우비를

빈칸 채우기 ③

1

아빠는 나에게 하나의 모자를 사준다.

2

엄마는 너에게 하나의 티셔츠를 사준다.

3

그는 우리에게 하나의 재킷을 사준다.

4

그녀는 그들에게 바지를 사준다.

5

그것은 너희들에게 반바지를 사준다.

6

두부는 너와 나에게 신발을 사준다.

7

한 소년은 두부와 나에게 양말을 사준다.

8

한 소녀는 한 고양이와 한 강아지에게 하나의 치마를 사준다.

9

한 고양이는 그와 그녀에게 하나의 코트를 사준다.

10

한 강아지는 나의 엄마와 아빠에게 하나의 우비를 사준다.

따라쓰기

1 Dad doesn't buy me a cap .

아빠는   사주지 않는다   나에게   하나의 모자를

2 Mom doesn't buy you a T-shirt .

엄마는   사주지 않는다   너에게   하나의 티셔츠를

3 He doesn't buy us a jacket .

그는 사주지 않는다   우리에게   하나의 재킷을

4 She doesn't buy them pants .

그녀는 사주지 않는다   그들에게   바지를

5 It doesn't buy you shorts .

그것은 사주지 않는다   너희들에게   반바지를

6 Dooboo doesn't buy you and me shoes .

두부는   사주지 않는다   너와 나에게   신발을

7 A boy doesn't buy Dooboo and me socks .

한 소년은   사주지 않는다   두부와 나에게   양말을

8 A girl doesn't buy a cat and a dog a skirt .

한 소녀는 사주지 않는다   한 고양이와 한 강아지에게   하나의 치마를

9 A cat doesn't buy him and her a coat .

한 고양이는 사주지 않는다   그와 그녀에게   하나의 코트를

10 A dog doesn't buy my mom and dad a raincoat .

한 강아지는 사주지 않는다   나의 엄마와 아빠에게   하나의 우비를

1 Dad doesn't buy [   ] a cap.

아빠는   사주지 않는다   나에게   하나의 모자를

2 Mom doesn't buy [   ] a T-shirt.

엄마는   사주지 않는다   너에게   하나의 티셔츠를

3 He doesn't buy [   ] a jacket.

그는 사주지 않는다   우리에게   하나의 재킷을

4 She doesn't buy [   ] pants.

그녀는 사주지 않는다   그들에게   바지를

5 It doesn't buy [   ] shorts.

그것은 사주지 않는다   너희들에게   반바지를

6 Dooboo doesn't buy [   ] shoes.

두부는   사주지 않는다   너와 나에게   신발을

7 A boy doesn't buy [   ] socks.

한 소년은   사주지 않는다   두부와 나에게   양말을

8 A girl doesn't buy [   ] a skirt.

한 소녀는   사주지 않는다   한 고양이와 한 강아지에게   하나의 치마를

9 A cat doesn't buy [   ] a coat.

한 고양이는 사주지 않는다   그와 그녀에게   하나의 코트를

10 A dog doesn't buy [   ] a raincoat.

한 강아지는 사주지 않는다   나의 엄마와 아빠에게   하나의 우비를

1 Dad doesn't buy ⬚ ⬚ .

아빠는 사주지 않는다   나에게   하나의 모자를

2 Mom doesn't buy ⬚ ⬚ .

엄마는 사주지 않는다   너에게   하나의 티셔츠를

3 He doesn't buy ⬚ ⬚ .

그는 사주지 않는다   우리에게   하나의 재킷을

4 She doesn't buy ⬚ ⬚ .

그녀는 사주지 않는다   그들에게   바지를

5 It doesn't buy ⬚ ⬚ .

그것은 사주지 않는다   너희들에게   반바지를

6 Dooboo doesn't buy ⬚ ⬚ .

두부는   사주지 않는다   너와 나에게   신발을

7 A boy doesn't buy ⬚ ⬚ .

한 소년은   사주지 않는다   두부와 나에게   양말을

8 A girl doesn't buy ⬚ ⬚ .

한 소녀는 사주지 않는다   한 고양이와 한 강아지에게   하나의 치마를

9 A cat doesn't buy ⬚ ⬚ .

한 고양이는 사주지 않는다   그와 그녀에게   하나의 코트를

10 A dog doesn't buy ⬚ ⬚ .

한 강아지는 사주지 않는다   나의 엄마와 아빠에게   하나의 우비를

빈칸 채우기 ③

1

아빠는 나에게 하나의 모자를 사주지 않는다.

2

엄마는 너에게 하나의 티셔츠를 사주지 않는다.

3

그는 우리에게 하나의 재킷을 사주지 않는다.

4

그녀는 그들에게 바지를 사주지 않는다.

5

그것은 너희들에게 반바지를 사주지 않는다.

6

두부는 너와 나에게 신발을 사주지 않는다.

7

한 소년은 두부와 나에게 양말을 사주지 않는다.

8

한 소녀는 한 고양이와 한 강아지에게 하나의 치마를 사주지 않는다.

9

한 고양이는 그와 그녀에게 하나의 코트를 사주지 않는다.

10

한 강아지는 나의 엄마와 아빠에게 하나의 우비를 사주지 않는다.

따라쓰기

1 **Does dad buy** me a cap ?
아빠는   사주니? 나에게   하나의 모자를

2 **Does mom buy** you a T-shirt ?
엄마는   사주니? 너에게   하나의 티셔츠를

3 **Does he buy** us a jacket ?
그는   사주니? 우리에게   하나의 재킷을

4 **Does she buy** them pants ?
그녀는   사주니? 그들에게   바지를

5 **Does it buy** you shorts ?
그것은   사주니? 너희들에게   반바지를

6 **Does Dooboo buy** you and me shoes ?
두부는   사주니? 너와 나에게   신발을

7 **Does a boy buy** Dooboo and me socks ?
한 소년은   사주니? 두부와 나에게   양말을

8 **Does a girl buy** a cat and a dog a skirt ?
한 소녀는   사주니? 한 고양이와 한 강아지에게   하나의 치마를

9 **Does a cat buy** him and her a coat ?
한 고양이는   사주니? 그와 그녀에게   하나의 코트를

10 **Does a dog buy** my mom and dad a raincoat ?
한 강아지는   사주니? 나의 엄마와 아빠에게   하나의 우비를

빈칸 채우기 ①

1 Does dad buy _____ a cap?

아빠는 　　 사주니? 　 나에게 　　 하나의 모자를

2 Does mom buy _____ a T-shirt?

엄마는 　　 사주니? 　 너에게 　　 하나의 티셔츠를

3 Does he buy _____ a jacket?

그는 　　 사주니? 　 우리에게 　　 하나의 재킷을

4 Does she buy _____ pants?

그녀는 　　 사주니? 　 그들에게 　 바지를

5 Does it buy _____ shorts?

그것은 　 사주니? 　 너희들에게 　 반바지를

6 Does Dooboo buy _____ shoes?

두부는 　　 사주니? 　　 너와 나에게 　　 신발을

7 Does a boy buy _____ socks?

한 소년은 　　 사주니? 　　 두부와 나에게 　　 양말을

8 Does a girl buy _____ a skirt?

한 소녀는 　　 사주니? 　 한 고양이와 한 강아지에게 　 하나의 치마를

9 Does a cat buy _____ a coat?

한 고양이는 　 사주니? 　　 그와 그녀에게 　　 하나의 코트를

10 Does a dog buy _____ a raincoat?

한 강아지는 　　 사주니? 　 나의 엄마와 아빠에게 　 하나의 우비를

1 **Does dad buy** _____ _____ ?
  아빠는   사주니? 나에게   하나의 모자를

2 **Does mom buy** _____ ?
  엄마는   사주니? 너에게   하나의 티셔츠를

3 **Does he buy** _____ ?
  그는   사주니? 우리에게   하나의 재킷을

4 **Does she buy** _____ _____ ?
  그녀는   사주니? 그들에게   바지를

5 **Does it buy** _____ ?
  그것은   사주니? 너희들에게   반바지를

6 **Does Dooboo buy** _____ ?
  두부는   사주니? 너와 나에게   신발을

7 **Does a boy buy** _____ _____ ?
  한 소년은   사주니? 두부와 나에게   양말을

8 **Does a girl buy** _____ ?
  한 소녀는   사주니? 한 고양이와 한 강아지에게   하나의 치마를

9 **Does a cat buy** _____ ?
  한 고양이는   사주니? 그와 그녀에게   하나의 코트를

10 **Does a dog buy** _____ ?
  한 강아지는   사주니? 나의 엄마와 아빠에게   하나의 우비를

빈칸 채우기 ③

1

아빠는 나에게 하나의 모자를 사주니?

2

엄마는 너에게 하나의 티셔츠를 사주니?

3

그는 우리에게 하나의 재킷을 사주니?

4

그녀는 그들에게 바지를 사주니?

5

그것은 너희들에게 반바지를 사주니?

6

두부는 너와 나에게 신발을 사주니?

7

한 소년은 두부와 나에게 양말을 사주니?

8

한 소녀는 한 고양이와 한 강아지에게 하나의 치마를 사주니?

9

한 고양이는 그와 그녀에게 하나의 코트를 사주니?

10

한 강아지는 나의 엄마와 아빠에게 하나의 우비를 사주니?

다음 한글에 맞는 영어문장을 적으시오.

1 나는 아빠에게 하나의 모자를 사준다.

2 그들은 그녀에게 바지를 사준다.

3 두부와 나는 한 소년에게 양말을 사준다.

4 나의 엄마와 아빠는 한 강아지에게 하나의 우비를 사준다.

5 너는 엄마에게 하나의 티셔츠를 사주지 않는다.

6 너희들은 그것에게 반바지를 사주지 않는다.

7 한 고양이와 한 강아지는 한 소녀에게 하나의 치마를 사주지 않는다.

8 우리는 그에게 하나의 재킷을 사주니?

9 너와 나는 두부에게 신발을 사주니?

10 그와 그녀는 한 고양이에게 하나의 코트를 사주니?

11 그녀는 그들에게 바지를 사준다.

12 한 소년은 두부와 나에게 양말을 사준다.

13 한 강아지는 나의 엄마와 아빠에게 하나의 우비를 사준다.

14 아빠는 나에게 하나의 모자를 사주지 않는다.

15 그것은 너희들에게 반바지를 사주지 않는다.

16 한 소녀는 한 고양이와 한 강아지에게 하나의 치마를 사주지 않는다.

17 그는 우리에게 하나의 재킷을 사주니?

18 두부는 너와 나에게 신발을 사주니?

19 한 소년은 두부와 나에게 양말을 사주니?

20 한 소녀는 한 고양이와 한 강아지에게 하나의 치마를 사주니?

다음 영어에 맞는 한글문장을 적으시오.

1   I buy dad a cap.

2   They buy her pants.

3   Dooboo and I buy a boy socks.

4   My mom and dad buy a dog a raincoat.

5   You don't buy mom a T-shirt.

6   You don't buy it shorts.

7   A cat and a dog don't buy a girl a skirt.

8   Do we buy him a jacket?

9   Do you and I buy Dooboo shoes?

10 Do he and she buy a cat a coat?

11 She buys them pants.

12 A boy buys Dooboo and me socks.

13 A dog buys my mom and dad a raincoat.

14 Dad doesn't buy me a cap.

15 It doesn't buy you shorts.

16 A girl doesn't buy a cat and a dog a skirt.

17 Does he buy us a jacket?

18 Does Dooboo buy you and me shoes?

19 Does a boy buy Dooboo and me socks?

20 Does a girl buy a cat and a dog a skirt?

Chapter 1~5 공통단어

I 나　　　　you 너　　　　we 우리　　　　they 그들

Dooboo 두부(이름)　　　cat 고양이　　　dog 강아지

he 그　　　she 그녀　　　dad 아빠　　　mom 엄마

it 그것　　　boy 소년　　　girl 소녀

Chapter 4 단어 체크

☑	English 영어	☐	table tennis 탁구
☐	Korean 한국어	☐	basketball 농구
☐	math 수학	☐	badminton 배드민턴
☐	science 과학	☐	baseball 야구
☐	social studies 사회	☐	soccer 축구

Chapter 4

teach 가르쳐주다

	주어	동사	간접목적어(~에게)	직접목적어(~을)
긍정문	I	teach	+명사 (dad, mom, him, her, a boy, a girl...etc.)	+명사 (apples, bananas, lemons, kites, dolls...etc.)
	You	teach		
	He	teaches		
	It	teaches		
부정문	I	don't teach	+명사 (dad, mom, him, her, a boy, a girl...etc.)	+명사 (apples, bananas, lemons, kites, dolls...etc.)
	You	don't teach		
	He	doesn't teach		
	It	doesn't teach		
의문문	I	Do I teach~?	+명사 (dad, mom, him, her, a boy, a girl...etc.)	+명사 (apples, bananas, lemons, kites, dolls...etc.)
	You	Do you teach~?		
	He	Does he teach~?		
	It	Does it teach~?		

unit 19 따라쓰기

1 I teach dad English .
나는 가르쳐준다 아빠에게 영어를

2 You teach mom Korean .
너는 가르쳐준다 엄마에게 한국어를

3 We teach him math .
우리는 가르쳐준다 그에게 수학을

4 They teach her science .
그들은 가르쳐준다 그녀에게 과학을

5 You teach it social studies .
너희들은 가르쳐준다 그것에게 사회를

6 You and I teach Dooboo table tennis .
너와 나는 가르쳐준다 두부에게 탁구를

7 Dooboo and I teach a boy basketball .
두부와 나는 가르쳐준다 한 소년에게 농구를

8 A cat and a dog teach a girl badminton .
한 고양이와 한 강아지는 가르쳐준다 한 소녀에게 배드민턴을

9 He and she teach a cat baseball .
그와 그녀는 가르쳐준다 한 고양이에게 야구를

10 My mom and dad teach a dog soccer .
나의 엄마와 아빠는 가르쳐준다 한 강아지에게 축구를

빈칸 채우기 ①

1 I teach _____ English.

나는 가르쳐준다   아빠에게   영어를

2 You teach _____ Korean.

너는   가르쳐준다   엄마에게   한국어를

3 We teach _____ math.

우리는 가르쳐준다   그에게   수학을

4 They teach _____ science.

그들은   가르쳐준다   그녀에게   과학을

5 You teach _____ social studies.

너희들은 가르쳐준다   그것에게   사회를

6 You and I teach _____ table tennis.

너와 나는   가르쳐준다   두부에게   탁구를

7 Dooboo and I teach _____ basketball.

두부와 나는   가르쳐준다   한 소년에게   농구를

8 A cat and a dog teach _____ badminton.

한 고양이와 한 강아지는   가르쳐준다   한 소녀에게   배드민턴을

9 He and she teach _____ baseball.

그와 그녀는   가르쳐준다   한 고양이에게   야구를

10 My mom and dad teach _____ soccer.

나의 엄마와 아빠는   가르쳐준다   한 강아지에게   축구를

unit 19 빈칸 채우기 ②

1 I teach ⬜⬜⬜ ⬜⬜⬜ .

나는 가르쳐준다 아빠에게 영어를

2 You teach ⬜⬜⬜ ⬜⬜⬜ .

너는 가르쳐준다 엄마에게 한국어를

3 We teach ⬜⬜⬜ ⬜⬜⬜ .

우리는 가르쳐준다 그에게 수학을

4 They teach ⬜⬜⬜ ⬜⬜⬜ .

그들은 가르쳐준다 그녀에게 과학을

5 You teach ⬜⬜⬜ ⬜⬜⬜ .

너희들은 가르쳐준다 그것에게 사회를

6 You and I teach ⬜⬜⬜ ⬜⬜⬜ .

너와 나는 가르쳐준다 두부에게 탁구를

7 Dooboo and I teach ⬜⬜⬜ ⬜⬜⬜ .

두부와 나는 가르쳐준다 한 소년에게 농구를

8 A cat and a dog teach ⬜⬜⬜ .

한 고양이와 한 강아지는 가르쳐준다 한 소녀에게 배드민턴을

9 He and she teach ⬜⬜⬜ .

그와 그녀는 가르쳐준다 한 고양이에게 야구를

10 My mom and dad teach ⬜⬜⬜ .

나의 엄마와 아빠는 가르쳐준다 한 강아지에게 축구를

98

빈칸 채우기 ③

1

나는 아빠에게 영어를 가르쳐준다.

2

너는 엄마에게 한국어를 가르쳐준다.

3

우리는 그에게 수학을 가르쳐준다.

4

그들은 그녀에게 과학을 가르쳐준다.

5

너희들은 그것에게 사회를 가르쳐준다.

6

너와 나는 두부에게 탁구를 가르쳐준다.

7

두부와 나는 한 소년에게 농구를 가르쳐준다.

8

한 고양이와 한 강아지는 한 소녀에게 배드민턴을 가르쳐준다.

9

그와 그녀는 한 고양이에게 야구를 가르쳐준다.

10

나의 엄마와 아빠는 한 강아지에게 축구를 가르쳐준다.

따라쓰기

1 I don't teach dad English .
나는 가르쳐주지 않는다 아빠에게 영어를

2 You don't teach mom Korean .
너는 가르쳐주지 않는다 엄마에게 한국어를

3 We don't teach him math .
우리는 가르쳐주지 않는다 그에게 수학을

4 They don't teach her science .
그들은 가르쳐주지 않는다 그녀에게 과학을

5 You don't teach it social studies .
너희들은 가르쳐주지 않는다 그것에게 사회를

6 You and I don't teach Dooboo table tennis .
너와 나는 가르쳐주지 않는다 두부에게 탁구를

7 Dooboo and I don't teach a boy basketball .
두부와 나는 가르쳐주지 않는다 한 소년에게 농구를

8 A cat and a dog don't teach a girl badminton .
한 고양이와 한 강아지는 가르쳐주지 않는다 한 소녀에게 배드민턴을

9 He and she don't teach a cat baseball .
그와 그녀는 가르쳐주지 않는다 한 고양이에게 야구를

10 My mom and dad don't teach a dog soccer .
나의 엄마와 아빠는 가르쳐주지 않는다 한 강아지에게 축구를

빈칸 채우기 ①

1 I don't teach _____ English.

나는 가르쳐주지 않는다   아빠에게   영어를

2 You don't teach _____ Korean.

너는   가르쳐주지 않는다   엄마에게   한국어를

3 We don't teach _____ math.

우리는 가르쳐주지 않는다   그에게   수학을

4 They don't teach _____ science.

그들은   가르쳐주지 않는다   그녀에게   과학을

5 You don't teach _____ social studies.

너희들은 가르쳐주지 않는다   그것에게   사회를

6 You and I don't teach _____ table tennis.

너와 나는   가르쳐주지 않는다   두부에게   탁구를

7 Dooboo and I don't teach _____ basketball.

두부와 나는   가르쳐주지 않는다   한 소년에게   농구를

8 A cat and a dog don't teach _____ badminton.

한 고양이와 한 강아지는   가르쳐주지 않는다   한 소녀에게   배드민턴을

9 He and she don't teach _____ baseball.

그와 그녀는   가르쳐주지 않는다   한 고양이에게   야구를

10 My mom and dad don't teach _____ soccer.

나의 엄마와 아빠는   가르쳐주지 않는다   한 강아지에게   축구를

1 I don't teach [   ] [   ].

나는 가르쳐주지 않는다 아빠에게   영어를

2 You don't teach [   ] [   ].

너는 가르쳐주지 않는다   엄마에게   한국어를

3 We don't teach [   ] [   ].

우리는 가르쳐주지 않는다   그에게   수학을

4 They don't teach [   ] [   ].

그들은 가르쳐주지 않는다   그녀에게   과학을

5 You don't teach [   ] [   ].

너희들은 가르쳐주지 않는다   그것에게   사회를

6 You and I don't teach [   ] [   ].

너와 나는   가르쳐주지 않는다   두부에게   탁구를

7 Dooboo and I don't teach [   ] [   ].

두부와 나는   가르쳐주지 않는다   한 소년에게   농구를

8 A cat and a dog don't teach [   ] [   ].

한 고양이와 한 강아지는   가르쳐주지 않는다   한 소녀에게   배드민턴을

9 He and she don't teach [   ] [   ].

그와 그녀는   가르쳐주지 않는다   한 고양이에게   야구를

10 My mom and dad don't teach [   ] [   ].

나의 엄마와 아빠는   가르쳐주지 않는다   한 강아지에게 축구를

빈칸 채우기 ③

1

나는 아빠에게 영어를 가르쳐주지 않는다.

2

너는 엄마에게 한국어를 가르쳐주지 않는다.

3

우리는 그에게 수학을 가르쳐주지 않는다.

4

그들은 그녀에게 과학을 가르쳐주지 않는다.

5

너희들은 그것에게 사회를 가르쳐주지 않는다.

6

너와 나는 두부에게 탁구를 가르쳐주지 않는다.

7

두부와 나는 한 소년에게 농구를 가르쳐주지 않는다.

8

한 고양이와 한 강아지는 한 소녀에게 배드민턴을 가르쳐주지 않는다.

9

그와 그녀는 한 고양이에게 야구를 가르쳐주지 않는다.

10

나의 엄마와 아빠는 한 강아지에게 축구를 가르쳐주지 않는다.

1 Do I teach dad   English ?
나는   가르쳐주니? 아빠에게   영어를

2 Do you teach mom   Korean ?
너는   가르쳐주니? 엄마에게   한국어를

3 Do we teach him   math ?
우리는   가르쳐주니? 그에게   수학을

4 Do they teach her   science ?
그들은   가르쳐주니? 그녀에게   과학을

5 Do you teach it social studies ?
너희들은   가르쳐주니? 그것에게   사회를

6 Do you and I teach Dooboo table tennis ?
너와 나는   가르쳐주니? 두부에게   탁구를

7 Do Dooboo and I teach a boy   basketball ?
두부와 나는   가르쳐주니? 한 소년에게   농구를

8 Do a cat and a dog teach a girl badminton ?
한 고양이와 한 강아지는   가르쳐주니? 한 소녀에게 배드민턴을

9 Do he and she teach a cat   baseball ?
그와 그녀는   가르쳐주니? 한 고양이에게 야구를

10 Do my mom and dad teach a dog   soccer ?
나의 엄마와 아빠는   가르쳐주니? 한 강아지에게   축구를

빈칸 채우기 ①

1 Do I teach   English?

나는   가르쳐주니?   아빠에게   영어를

2 Do you teach   Korean?

너는   가르쳐주니?   엄마에게   한국어를

3 Do we teach   math?

우리는   가르쳐주니?   그에게   수학을

4 Do they teach   science?

그들은   가르쳐주니?   그녀에게   과학을

5 Do you teach   social studies?

너희들은   가르쳐주니?   그것에게   사회를

6 Do you and I teach   table tennis?

너와 나는   가르쳐주니?   두부에게   탁구를

7 Do Dooboo and I teach   basketball?

두부와 나는   가르쳐주니?   한 소년에게   농구를

8 Do a cat and a dog teach   badminton?

한 고양이와 한 강아지는   가르쳐주니?   한 소녀에게   배드민턴을

9 Do he and she teach   baseball?

그와 그녀는   가르쳐주니?   한 고양이에게   야구를

10 Do my mom and dad teach   soccer?

나의 엄마와 아빠는   가르쳐주니?   한 강아지에게   축구를

빈칸 채우기 ②

1 Do I teach _____ _____ ?

나는   가르쳐주니? 아빠에게   영어를

2 Do you teach _____ ?

너는   가르쳐주니? 엄마에게   한국어를

3 Do we teach ?

우리는   가르쳐주니? 그에게   수학을

4 Do they teach _____ _____ ?

그들은   가르쳐주니? 그녀에게   과학을

5 Do you teach _____ ?

너희들은   가르쳐주니? 그것에게   사회를

6 Do you and I teach _____ ?

너와 나는   가르쳐주니?   두부에게   탁구를

7 Do Dooboo and I teach _____ ?

두부와 나는   가르쳐주니?   한 소년에게   농구를

8 Do a cat and a dog teach _____ ?

한 고양이와 한 강아지는   가르쳐주니? 한 소녀에게   배드민턴을

9 Do he and she teach _____ ?

그와 그녀는   가르쳐주니?   한 고양이에게   야구를

10 Do my mom and dad teach _____ ?

나의 엄마와 아빠는   가르쳐주니? 한 강아지에게   축구를

빈칸 채우기 ③

1

나는 아빠에게 영어를 가르쳐주니?

2

너는 엄마에게 한국어를 가르쳐주니?

3

우리는 그에게 수학을 가르쳐주니?

4

그들은 그녀에게 과학을 가르쳐주니?

5

너희들은 그것에게 사회를 가르쳐주니?

6

너와 나는 두부에게 탁구를 가르쳐주니?

7

두부와 나는 한 소년에게 농구를 가르쳐주니?

8

한 고양이와 한 강아지는 한 소녀에게 배드민턴을 가르쳐주니?

9

그와 그녀는 한 고양이에게 야구를 가르쳐주니?

10

나의 엄마와 아빠는 한 강아지에게 축구를 가르쳐주니?

따라쓰기

1 Dad teaches me English .

아빠는 가르쳐준다 나에게 영어를

2 Mom teaches you Korean .

엄마는 가르쳐준다 너에게 한국어를

3 He teaches us math .

그는 가르쳐준다 우리에게 수학을

4 She teaches them science .

그녀는 가르쳐준다 그들에게 과학을

5 It teaches you social studies .

그것은 가르쳐준다 너희들에게 사회를

6 Dooboo teaches you and me table tennis .

두부는 가르쳐준다 너와 나에게 탁구를

7 A boy teaches Dooboo and me basketball .

한 소년은 가르쳐준다 두부와 나에게 농구를

8 A girl teaches a cat and a dog badminton .

한 소녀는 가르쳐준다 한 고양이와 한 강아지에게 배드민턴을

9 A cat teaches him and her baseball .

한 고양이는 가르쳐준다 그와 그녀에게 야구를

10 A dog teaches my mom and dad soccer .

한 강아지는 가르쳐준다 나의 엄마와 아빠에게 축구를

1 Dad teaches _____ English.
아빠는   가르쳐준다   나에게   영어를

2 Mom teaches _____ Korean.
엄마는   가르쳐준다   너에게   한국어를

3 He teaches _____ math.
그는   가르쳐준다   우리에게   수학을

4 She teaches _____ science.
그녀는 가르쳐준다   그들에게   과학을

5 It teaches _____ social studies.
그것은 가르쳐준다   너희들에게   사회를

6 Dooboo teaches _____ table tennis.
두부는   가르쳐준다   너와 나에게   탁구를

7 A boy teaches _____ basketball.
한 소년은   가르쳐준다   두부와 나에게   농구를

8 A girl teaches _____ badminton.
한 소녀는 가르쳐준다   한 고양이와 한 강아지에게   배드민턴을

9 A cat teaches _____ baseball.
한 고양이는 가르쳐준다   그와 그녀에게   야구를

10 A dog teaches _____ soccer.
한 강아지는 가르쳐준다   나의 엄마와 아빠에게   축구를

1 Dad teaches

아빠는　가르쳐준다　　나에게　　　　　영어를

2 Mom teaches

엄마는　　가르쳐준다　　너에게　　　　　한국어를

3 He teaches

그는　가르쳐준다　　우리에게　　　　수학을

4 She teaches

그녀는　가르쳐준다　　그들에게　　　　과학을

5 It teaches

그것은　가르쳐준다　너희들에게　　　사회를

6 Dooboo teaches

두부는　　　　가르쳐준다　　너와 나에게　　　　탁구를

7 A boy teaches

한 소년은　　가르쳐준다　　두부와 나에게　　　농구를

8 A girl teaches

한 소녀는　　가르쳐준다　　한 고양이와 한 강아지에게　　배드민턴을

9 A cat teaches

한 고양이는 가르쳐준다　　그와 그녀에게　　　야구를

10 A dog teaches

한 강아지는 가르쳐준다　　나의 엄마와 아빠에게　　축구를

빈칸 채우기 ③

1

아빠는 나에게 영어를 가르쳐준다.

2

엄마는 너에게 한국어를 가르쳐준다.

3

그는 우리에게 수학을 가르쳐준다.

4

그녀는 그들에게 과학을 가르쳐준다.

5

그것은 너희들에게 사회를 가르쳐준다.

6

두부는 너와 나에게 탁구를 가르쳐준다.

7

한 소년은 두부와 나에게 농구를 가르쳐준다.

8

한 소녀는 한 고양이와 한 강아지에게 배드민턴을 가르쳐준다.

9

한 고양이는 그와 그녀에게 야구를 가르쳐준다.

10

한 강아지는 나의 엄마와 아빠에게 축구를 가르쳐준다.

1 Dad doesn't teach me English .
아빠는 가르쳐주지 않는다 나에게 영어를

2 Mom doesn't teach you Korean .
엄마는 가르쳐주지 않는다 너에게 한국어를

3 He doesn't teach us math .
그는 가르쳐주지 않는다 우리에게 수학을

4 She doesn't teach them science .
그녀는 가르쳐주지 않는다 그들에게 과학을

5 It doesn't teach you social studies .
그것은 가르쳐주지 않는다 너희들에게 사회를

6 Dooboo doesn't teach you and me table tennis .
두부는 가르쳐주지 않는다 너와 나에게 탁구를

7 A boy doesn't teach Dooboo and me basketball .
한 소년은 가르쳐주지 않는다 두부와 나에게 농구를

8 A girl doesn't teach a cat and a dog badminton .
한 소녀는 가르쳐주지 않는다 한 고양이와 한 강아지에게 배드민턴을

9 A cat doesn't teach him and her baseball .
한 고양이는 가르쳐주지 않는다 그와 그녀에게 야구를

10 A dog doesn't teach my mom and dad soccer .
한 강아지는 가르쳐주지 않는다 나의 엄마와 아빠에게 축구를

빈칸 채우기 ①

1 Dad doesn't teach ___ English.
아빠는   가르쳐주지 않는다   나에게   영어를

2 Mom doesn't teach ___ Korean.
엄마는   가르쳐주지 않는다   너에게   한국어를

3 He doesn't teach ___ math.
그는   가르쳐주지 않는다   우리에게   수학을

4 She doesn't teach ___ science.
그녀는   가르쳐주지 않는다   그들에게   과학을

5 It doesn't teach ___ social studies.
그것은 가르쳐주지 않는다   너희들에게   사회를

6 Dooboo doesn't teach ___ table tennis.
두부는   가르쳐주지 않는다   너와 나에게   탁구를

7 A boy doesn't teach ___ basketball.
한 소년은   가르쳐주지 않는다   두부와 나에게   농구를

8 A girl doesn't teach ___ badminton.
한 소녀는   가르쳐주지 않는다   한 고양이와 한 강아지에게   배드민턴을

9 A cat doesn't teach ___ baseball.
한 고양이는 가르쳐주지 않는다   그와 그녀에게   야구를

10 A dog doesn't teach ___ soccer.
한 강아지는 가르쳐주지 않는다   나의 엄마와 아빠에게   축구를

1 Dad doesn't teach ⬚ ⬚ .

아빠는 가르쳐주지 않는다   나에게   영어를

2 Mom doesn't teach ⬚ .

엄마는 가르쳐주지 않는다   너에게   한국어를

3 He doesn't teach ⬚ .

그는 가르쳐주지 않는다   우리에게   수학을

4 She doesn't teach ⬚ .

그녀는 가르쳐주지 않는다   그들에게   과학을

5 It doesn't teach ⬚ ⬚ .

그것은 가르쳐주지 않는다   너희들에게   사회를

6 Dooboo doesn't teach ⬚ ⬚ .

두부는   가르쳐주지 않는다   너와 나에게   탁구를

7 A boy doesn't teach ⬚ ⬚ .

한 소년은   가르쳐주지 않는다   두부와 나에게   농구를

8 A girl doesn't teach ⬚ ⬚ .

한 소녀는 가르쳐주지 않는다   한 고양이와 한 강아지에게   배드민턴을

9 A cat doesn't teach ⬚ ⬚ .

한 고양이는 가르쳐주지 않는다   그와 그녀에게   야구를

10 A dog doesn't teach ⬚ ⬚ .

한 강아지는 가르쳐주지 않는다   나의 엄마와 아빠에게   축구를

빈칸 채우기 ③

1

아빠는 나에게 영어를 가르쳐주지 않는다.

2

엄마는 너에게 한국어를 가르쳐주지 않는다.

3

그는 우리에게 수학을 가르쳐주지 않는다.

4

그녀는 그들에게 과학을 가르쳐주지 않는다.

5

그것은 너희들에게 사회를 가르쳐주지 않는다.

6

두부는 너와 나에게 탁구를 가르쳐주지 않는다.

7

한 소년은 두부와 나에게 농구를 가르쳐주지 않는다.

8

한 소녀는 한 고양이와 한 강아지에게 배드민턴을 가르쳐주지 않는다.

9

한 고양이는 그와 그녀에게 야구를 가르쳐주지 않는다.

10

한 강아지는 나의 엄마와 아빠에게 축구를 가르쳐주지 않는다.

따라쓰기

1 Does dad teach　me　English ?
아빠는　　　가르쳐주니? 나에게　　영어를

2 Does mom teach　you　Korean ?
엄마는　　　가르쳐주니? 너에게　　한국어를

3 Does he teach　us　math ?
그는　　　가르쳐주니? 우리에게　　수학을

4 Does she teach　them　science ?
그녀는　　　가르쳐주니? 그들에게　　과학을

5 Does it teach　you　social studies ?
그것은　　　가르쳐주니? 너희들에게　　사회를

6 Does Dooboo teach　you and me　table tennis ?
두부는　　　가르쳐주니? 너와 나에게　　탁구를

7 Does a boy teach　Dooboo and me　basketball ?
한 소년은　　　가르쳐주니? 두부와 나에게　　농구를

8 Does a girl teach　a cat and a dog　badminton ?
한 소녀는　　　가르쳐주니? 한 고양이와 한 강아지에게　　배드민턴을

9 Does a cat teach　him and her　baseball ?
한 고양이는　　　가르쳐주니? 그와 그녀에게　　야구를

10 Does a dog teach　my mom and dad　soccer ?
한 강아지는　　　가르쳐주니? 나의 엄마와 아빠에게　　축구를

1 Does dad teach   English?

아빠는   가르쳐주니?   나에게   영어를

2 Does mom teach   Korean?

엄마는   가르쳐주니?   너에게   한국어를

3 Does he teach   math?

그는   가르쳐주니?   우리에게   수학을

4 Does she teach the   science?

그녀는   가르쳐주니?   그들에게   과학을

5 Does it teach   social studies?

그것은   가르쳐주니?   너희들에게   사회를

6 Does Dooboo teach   table tennis?

두부는   가르쳐주니?   너와 나에게   탁구를

7 Does a boy teach   basketball?

한 소년은   가르쳐주니?   두부와 나에게   농구를

8 Does a girl teach   badminton?

한 소녀는   가르쳐주니? 한 고양이와 한 강아지에게   배드민턴을

9 Does a cat teach   baseball?

한 고양이는   가르쳐주니?   그와 그녀에게   야구를

10 Does a dog teach   soccer?

한 강아지는   가르쳐주니?   나의 엄마와 아빠에게   축구를

1 Does dad teach ⬚ ⬚ ?

아빠는 　　　가르쳐주니? 나에게 　　　영어를

2 Does mom teach ⬚ ?

엄마는 　　　가르쳐주니? 너에게 　　　한국어를

3 Does he teach ⬚ ?

그는 　　　가르쳐주니? 우리에게 　　　수학을

4 Does she teach ⬚ ?

그녀는 　　　가르쳐주니? 그들에게 　　　과학을

5 Does it teach ⬚ ?

그것은 　　　가르쳐주니? 너희들에게 　　　사회를

6 Does Dooboo teach ⬚ ?

두부는 　　　가르쳐주니? 너와 나에게 　　　탁구를

7 Does a boy teach ⬚ ?

한 소년은 　　　가르쳐주니? 두부와 나에게 　　　농구를

8 Does a girl teach ⬚ ?

한 소녀는 　　　가르쳐주니? 한 고양이와 한 강아지에게 　　　배드민턴을

9 Does a cat teach ⬚ ?

한 고양이는 　　　가르쳐주니? 그와 그녀에게 　　　야구를

10 Does a dog teach ⬚ ?

한 강아지는 　　　가르쳐주니? 나의 엄마와 아빠에게 　　　축구를

1
아빠는 나에게 영어를 가르쳐주니?

2
엄마는 너에게 한국어를 가르쳐주니?

3
그는 우리에게 수학을 가르쳐주니?

4
그녀는 그들에게 과학을 가르쳐주니?

5
그것은 너희들에게 사회를 가르쳐주니?

6
두부는 너와 나에게 탁구를 가르쳐주니?

7
한 소년은 두부와 나에게 농구를 가르쳐주니?

8
한 소녀는 한 고양이와 한 강아지에게 배드민턴을 가르쳐주니?

9
한 고양이는 그와 그녀에게 야구를 가르쳐주니?

10
한 강아지는 나의 엄마와 아빠에게 축구를 가르쳐주니?

다음 한글에 맞는 영어문장을 적으시오.

1 나는 아빠에게 영어를 가르쳐준다.

2 너는 엄마에게 한국어를 가르쳐준다.

3 우리는 그에게 수학을 가르쳐준다.

4 그들은 그녀에게 과학을 가르쳐준다.

5 너희들은 그것에게 사회를 가르쳐주지 않는다.

6 너와 나는 두부에게 탁구를 가르쳐주지 않는다.

7 나의 엄마와 아빠는 한 강아지에게 축구를 가르쳐주지 않는다.

8 그들은 그녀에게 과학을 가르쳐주지 않는다.

9 나는 아빠에게 영어를 가르쳐주니?

10 그들은 그녀에게 과학을 가르쳐주니?

11 두부와 나는 한 소년에게 농구를 가르쳐주니?

12 한 고양이와 한 강아지는 한 소녀에게 배드민턴을 가르치니?

13 그것은 너희들에게 사회를 가르쳐준다.

14 한 소년은 두부와 나에게 농구를 가르쳐준다.

15 한 고양이는 그와 그녀에게 야구를 가르쳐주지 않는다.

16 한 강아지는 나의 엄마와 아빠에게 축구를 가르쳐주지 않는다.

17 아빠는 나에게 영어를 가르쳐주니?

18 그녀는 그들에게 과학을 가르쳐주니?

19 한 소년은 두부와 나에게 농구를 가르쳐주니?

20 한 소녀는 한 고양이와 한 강아지에게 배드민턴을 가르쳐주니?

다음 영어에 맞는 한글문장을 적으시오.

1 I teach dad English.

2 You teach mom Korean.

3 We teach him math.

4 They teach her science.

5 You don't teach it social studies.

6 You and I don't teach Dooboo table tennis.

7 My mom and dad don't teach a dog soccer.

8 They don't teach her science.

9 Do I teach dad English?

10 Do they teach her science?

11 Do Dooboo and I teach a boy basketball?

12 Do a cat and a dog teach a girl badminton?

13 It teaches you social studies.

14 A boy teaches Dooboo and me basketball.

15 A cat doesn't teach him and her baseball.

16 A dog doesn't teach my mom and dad soccer.

17 Does dad teach me English?

18 Does she teach them science?

19 Does a boy teach Dooboo and me basketball?

20 Does a girl teach a cat and a dog badminton?

Chapter 1~5 공통단어

I 나   you 너   we 우리   they 그들

Dooboo 두부(이름)   cat 고양이   dog 강아지

he 그   she 그녀   dad 아빠   mom 엄마

it 그것   boy 소년   girl 소녀

Chapter 5 단어 체크

- ☑ give 주다
- ☐ apple 사과
- ☐ grape 포도
- ☐ lemon 레몬
- ☐ orange 오렌지
- ☐ tomato 토마토
- ☐ teach 가르쳐주다
- ☐ basketball 농구
- ☐ baseball 야구
- ☐ English 영어

- ☐ math 수학
- ☐ social studies 사회
- ☐ birthday 생일
- ☐ gift 선물
- ☐ cake 케이크
- ☐ song 노래
- ☐ shorts 반바지
- ☐ socks 양말
- ☐ coat 코트
- ☐

	주어	동사	직접목적어(~을)	전치사 to + 목적어
긍정문	I	give/teach	+명사 (apples, bananas, lemons, kites, dolls...etc.)	to + (dad, mom, him, her, a boy, a girl...etc.)
	You	give/teach		
	He	gives/teaches		
	It	gives/teaches		
부정문	I	don't give/teach	+명사 (apples, bananas, lemons, kites, dolls...etc.)	to + (dad, mom, him, her, a boy, a girl...etc.)
	You	don't give/teach		
	He	doesn't give/teach		
	It	doesn't give/teach		
의문문	I	Do I give/teach~?	+명사 (apples, bananas, lemons, kites, dolls...etc.)	to + (dad, mom, him, her, a boy, a girl...etc.)
	You	Do you give/teach~?		
	He	Does he give/teach~?		
	It	Does it give/teach~?		

	주어	동사	직접목적어(~을)	전치사 for + 목적어
긍정문	I	make/buy	+명사 (apples, bananas, lemons, kites, dolls...etc.)	for + (dad, mom, him, her, a boy, a girl...etc.)
	You	make/buy		
	He	makes/buys		
	It	makes/buys		
부정문	I	don't make/buy	+명사 (apples, bananas, lemons, kites, dolls...etc.)	for + (dad, mom, him, her, a boy, a girl...etc.)
	You	don't make/buy		
	He	doesn't make/buy		
	It	doesn't make/buy		
의문문	I	Do I give/teach~?	+명사 (apples, bananas, lemons, kites, dolls...etc.)	for + (dad, mom, him, her, a boy, a girl...etc.)
	You	Do you give/teach~?		
	He	Does he give/teach~?		
	It	Does it give/teach~?		

따라쓰기

1 I give apples to dad .
나는 준다   사과들을   아빠에게

2 We give grapes to him .
우리는 준다   포도들을   그에게

3 You give lemons to it .
너희들은 준다   레몬들을   그것에게

4 A boy gives oranges to Dooboo and me .
한 소년은   준다   오렌지들을   두부와 나에게

5 A cat gives tomatoes to him and her .
한 고양이는 준다   토마토들을   그와 그녀에게

6 Dooboo and I teach basketball to a boy .
두부와 나는   가르쳐준다   농구를   한 소년에게

7 He and she teach baseball to a cat .
그와 그녀는   가르쳐준다   야구를   한 고양이에게

8 Dad teaches English to me .
아빠는   가르쳐준다   영어를   나에게

9 He teaches math to us .
그는   가르쳐준다   수학을   우리에게

10 It teaches social studies to you .
그것은 가르쳐준다   사회를   너희들에게

unit 25

빈칸 채우기 ①

1 I give apples _____ .

나는 준다 사과들을   아빠에게

2 We give grapes _____ .

우리는 준다   포도들을   그에게

3 You give lemons _____ .

너희들은 준다 레몬들을   그것에게

4 A boy gives oranges _____ .

한 소년은   준다   오렌지들을   두부와 나에게

5 A cat gives tomatoes _____ .

한 고양이는 준다   토마토들을   그와 그녀에게

6 Dooboo and I teach basketball _____ .

두부와 나는   가르쳐준다 농구를   한 소년에게

7 He and she teach baseball _____ .

그와 그녀는   가르쳐준다 야구를   한 고양이에게

8 Dad teaches English _____ .

아빠는 가르쳐준다   영어를   나에게

9 He teaches math _____ .

그는 가르쳐준다   수학을   우리에게

10 It teaches social studies _____ .

그것은 가르쳐준다 사회를   너희들에게

unit
25

125

1 I   apples   .

나는 준다   사과들을   아빠에게

2 We   grapes   .

우리는   준다   포도들을   그에게

3 You   lemons   .

너희들은 준다   레몬들을   그것에게

4 A boy   oranges   .

한 소년은   준다   오렌지들을   두부와 나에게

5 A cat   tomatoes   .

한 고양이는 준다   토마토들을   그와 그녀에게

6 Dooboo and I   basketball   .

두부와 나는   가르쳐준다   농구를   한 소년에게

7 He and she   baseball   .

그와 그녀는   가르쳐준다   야구를   한 고양이에게

8 Dad   English   .

아빠는   가르쳐준다   영어를   나에게

9 He   math   .

그는   가르쳐준다   수학을   우리에게

10 It   social studies   .

그것은 가르쳐준다   사회를   너희들에게

빈칸 채우기 ③

1

나는 아빠에게 사과들을 준다.

2

우리는 그에게 포도들을 준다.

3

너희들은 그것에게 레몬들을 준다.

4

한 소년은 두부와 나에게 오렌지들을 준다.

5

한 고양이는 그와 그녀에게 토마토들을 준다.

6

두부와 나는 한 소년에게 농구를 가르쳐준다.

7

그와 그녀는 한 고양이에게 야구를 가르쳐준다.

8

아빠는 나에게 영어를 가르쳐준다.

9

그는 우리에게 수학을 가르쳐준다.

10

그것은 너희들에게 사회를 가르쳐준다.

따라쓰기

1 I don't give apples to dad .

나는 주지 않는다　　　사과들을　　아빠에게

2 We don't give grapes to him .

우리는 주지 않는다　　　포도들을　　그에게

3 You don't give lemons to it .

너희들은 주지 않는다　　　레몬들을　　그것에게

4 A boy doesn't give oranges to Dooboo and me .

한 소년은 주지 않는다　　　오렌지들을　두부와 나에게

5 A cat doesn't give tomatoes to him and her .

한 고양이는 주지 않는다　　　토마토들을　　그와 그녀에게

6 Dooboo and I don't teach basketball to a boy .

두부와 나는　　　가르쳐주지 않는다　　농구를　　　한 소년에게

7 He and she don't teach baseball to a cat .

그와 그녀는　　　가르쳐주지 않는다　　야구를　　　한 고양이에게

8 Dad doesn't teach English to me .

아빠는 가르쳐주지 않는다　　　영어를　　나에게

9 He doesn't teach math to us .

그는 가르쳐주지 않는다　　　수학을　우리에게

10 It doesn't teach social studies to you .

그것은 가르쳐주지 않는다　　　사회를　　　너희들에게

128

1 I don't give apples   .

나는 주지 않는다   사과들을   아빠에게

2 We don't give grapes   .

우리는 주지 않는다   포도들을   그에게

3 You don't give lemons   .

너희들은 주지 않는다   레몬들을   그것에게

4 A boy doesn't give oranges   .

한 소년은 주지 않는다   오렌지들을   두부와 나에게

5 A cat doesn't give tomatoes   .

한 고양이는 주지 않는다   토마토들을   그와 그녀에게

6 Dooboo and I don't teach basketball   .

두부와 나는   가르쳐주지 않는다   농구를   한 소년에게

7 He and she don't teach baseball   .

그와 그녀는   가르쳐주지 않는다   야구를   한 고양이에게

8 Dad doesn't teach English   .

아빠는 가르쳐주지 않는다   영어를   나에게

9 He doesn't teach math   .

그는 가르쳐주지 않는다   수학을   우리에게

10 It doesn't teach social studies   .

그것은 가르쳐주지 않는다   사회를   너희들에게

1 I don't _____ apples _____ .
나는 주지 않는다   사과들을   아빠에게

2 We don't _____ grapes _____ .
우리는 주지 않는다   포도들을   그에게

3 You don't _____ lemons _____ .
너희들은 주지 않는다   레몬들을   그것에게

4 A boy doesn't _____ oranges _____ .
한 소년은   주지 않는다   오렌지들을   두부와 나에게

5 A cat doesn't _____ tomatoes _____ .
한 고양이는 주지 않는다   토마토들을   그와 그녀에게

6 Dooboo and I don't _____ basketball _____ .
두부와 나는   가르쳐주지 않는다   농구를   한 소년에게

7 He and she don't _____ baseball _____ .
그와 그녀는   가르쳐주지 않는다   야구를   한 고양이에게

8 Dad doesn't _____ English _____ .
아빠는   가르쳐주지 않는다   영어를   나에게

9 He doesn't _____ math _____ .
그는   가르쳐주지 않는다   수학을   우리에게

10 It doesn't _____ social studies _____ .
그것은 가르쳐주지 않는다   사회를   너희들에게

1

나는 아빠에게 사과들을 주지 않는다.

2

우리는 그에게 포도들을 주지 않는다.

3

너희들은 그것에게 레몬들을 주지 않는다.

4

한 소년은 두부와 나에게 오렌지들을 주지 않는다.

5

한 고양이는 그와 그녀에게 토마토들을 주지 않는다.

6

두부와 나는 한 소년에게 농구를 가르쳐주지 않는다.

7

그와 그녀는 한 고양이에게 야구를 가르쳐주지 않는다.

8

아빠는 나에게 영어를 가르쳐주지 않는다.

9

그는 우리에게 수학을 가르쳐주지 않는다.

10

그것은 너희들에게 사회를 가르쳐주지 않는다.

따라쓰기

1 Do I give apples to dad ?

나는   주니?   사과들을   아빠에게

2 Do we give grapes to him ?

우리는   주니?   포도들을   그에게

3 Do you give lemons to it ?

너희들은   주니?   레몬들을   그것에게

4 Does a boy give oranges to Dooboo and me ?

한 소년은   주니?   오렌지들을   두부와 나에게

5 Does a cat give tomatoes to him and her ?

한 고양이는   주니?   토마토들을   그와 그녀에게

6 Do Dooboo and I teach basketball to a boy ?

두부와 나는   가르쳐주니? 농구를   한 소년에게

7 Do he and she teach baseball to a cat ?

그와 그녀는   가르쳐주니? 야구를   한 고양이에게

8 Does dad teach English to me ?

아빠는   가르쳐주니? 영어를   나에게

9 Does he teach math to us ?

그는   가르쳐주니? 수학을   우리에게

10 Does it teach social studies to you ?

그것은   가르쳐주니? 사회를   너희들에게

빈칸 채우기 ①

1 Do I give apples   ?

    나는   주니?   사과들을   아빠에게

2 Do we give grapes   ?

    우리는   주니?   포도들을   그에게

3 Do you give lemons   ?

    너희들은   주니?   레몬들을   그것에게

4 Does a boy give oranges   ?

    한 소년은   주니?   오렌지들을   두부와 나에게

5 Does a cat give tomatoes   ?

    한 고양이는   주니?   토마토들을   그와 그녀에게

6 Do Dooboo and I teach basketball   ?

    두부와 나는   가르쳐주니? 농구를   한 소년에게

7 Do he and she teach baseball   ?

    그와 그녀는   가르쳐주니? 야구를   한 고양이에게

8 Does dad teach English   ?

    아빠는   가르쳐주니? 영어를   나에게

9 Does he teach math   ?

    그는   가르쳐주니? 수학을   우리에게

10 Does it teach social studies   ?

    그것은   가르쳐주니? 사회를   너희들에게

1 Do I _____ apples _____ ?

나는   주니?   사과들을   아빠에게

2 Do we _____ grapes _____ ?

우리는   주니?   포도들을   그에게

3 Do you _____ lemons _____ ?

너희들은   주니?   레몬들을   그것에게

4 Does a boy _____ oranges _____ ?

한 소년은   주니?   오렌지들을   두부와 나에게

5 Does a cat _____ tomatoes _____ ?

한 고양이는   주니?   토마토들을   그와 그녀에게

6 Do Dooboo and I _____ basketball _____ ?

두부와 나는   가르쳐주니?   농구를   한 소년에게

7 Do he and she _____ baseball _____ ?

그와 그녀는   가르쳐주니?   야구를   한 고양이에게

8 Does dad _____ English _____ ?

아빠는   가르쳐주니?   영어를   나에게

9 Does he _____ math _____ ?

그는   가르쳐주니?   수학을   우리에게

10 Does it _____ social studies _____ ?

그것은   가르쳐주니?   사회를   너희들에게

빈칸 채우기 ③

1

나는 아빠에게 사과들을 주니?

2

우리는 그에게 포도들을 주니?

3

너희들은 그것에게 레몬들을 주니?

4

한 소년은 두부와 나에게 오렌지들을 주니?

5

한 고양이는 그와 그녀에게 토마토들을 주니?

6

두부와 나는 한 소년에게 농구를 가르쳐주니?

7

그와 그녀는 한 고양이에게 야구를 가르쳐주니?

8

아빠는 나에게 영어를 가르쳐주니?

9

그는 우리에게 수학을 가르쳐주니?

10

그것은 너희들에게 사회를 가르쳐주니?

1 I make a birthday gift for dad .

나는 만들어준다　하나의 생일 선물을　　　아빠에게

2 We make a birthday cake for him .

우리는 만들어준다　하나의 생일 케이크를　　　그에게

3 Dad makes a birthday gift for me .

아빠는　만들어준다　하나의 생일 선물을　　　나에게

4 He makes a birthday cake for us .

그는　만들어준다　하나의 생일 케이크를　　　우리에게

5 It makes a birthday song for you .

그것은 만들어준다 하나의 생일 노래를　　　너희들에게

6 You buy shorts for it .

너희들은 사준다　반바지를　　그것에게

7 Dooboo and I buy socks for a boy .

두부와 나는　　　　　사준다　양말을　　한 소년에게

8 He and she buy a coat for a cat .

그와 그녀는　　　　사준다　하나의 코트를 한 고양이에게

9 A boy buys socks for Dooboo and me .

한 소년은　사준다　양말을　　두부와 나에게

10 A cat buys a coat for him and her .

한 고양이는 사준다　하나의 코트를 그와 그녀에게

빈칸 채우기 ①

1 I make a birthday gift   .
나는 만들어준다 하나의 생일 선물을   아빠에게

2 We make a birthday cake   .
우리는 만들어준다 하나의 생일 케이크를   그에게

3 Dad makes a birthday gift   .
아빠는 만들어준다 하나의 생일 선물을   나에게

4 He makes a birthday cake   .
그는   만들어준다 하나의 생일 케이크를   우리에게

5 It makes a birthday song   .
그것은 만들어준다 하나의 생일 노래를   너희들에게

6 You buy shorts   .
너희들은 사준다 반바지를   그것에게

7 Dooboo and I buy socks   .
두부와 나는   사준다 양말을   한 소년에게

8 He and she buy a coat   .
그와 그녀는   사준다 하나의 코트를   한 고양이에게

9 A boy buys socks   .
한 소년은 사준다   양말을   두부와 나에게

10 A cat buys a coat   .
한 고양이는 사준다 하나의 코트를   그와 그녀에게

1 I　　　　　　 a birthday gift 　　　　　　　　　 .

나는 만들어준다　　 하나의 생일 선물을　　　　 아빠에게

2 We　　　　　 a birthday cake 　　　　　　　 .

우리는　 만들어준다　　 하나의 생일 케이크를　　　 그에게

3 Dad　　　　　 a birthday gift 　　　　　　　 .

아빠는　 만들어준다　　 하나의 생일 선물을　　　 나에게

4 He　　　　　 a birthday cake 　　　　　　　 .

그는　 만들어준다　　 하나의 생일 케이크를　　 우리에게

5 It　　　　　 a birthday song 　　　　　　　 .

그것은 만들어준다　　 하나의 생일 노래를　　　 너희들에게

6 You　　　　　 shorts 　　　　　 .

너희들은 사준다　　　 반바지를　 그것에게

7 Dooboo and I　　　　　 socks 　　　　　 .

두부와 나는　　　　 사준다　　　 양말을　 한 소년에게

8 He and she　　　　 a coat 　　　　　 .

그와 그녀는　　　 사준다　　 하나의 코트를 한 고양이에게

9 A boy　　　　　 socks 　　　　　 .

한 소년은　 사준다　　 양말을　 두부와 나에게

10 A cat　　　　 a coat 　　　　　 .

한 고양이는 사준다　　 하나의 코트를 그와 그녀에게

1

나는 아빠에게 하나의 생일 선물을 만들어준다.

2

우리는 그에게 하나의 생일 케이크를 만들어준다.

3

아빠는 나에게 하나의 생일 선물을 만들어준다.

4

그는 우리에게 하나의 생일 케이크를 만들어준다.

5

그것은 너희들에게 하나의 생일 노래를 만들어준다.

6

너희들은 그것에게 반바지를 사준다.

7

두부와 나는 한 소년에게 양말을 사준다.

8

그와 그녀는 한 고양이에게 하나의 코트를 사준다.

9

한 소년은 두부와 나에게 양말을 사준다.

10

한 고양이는 그와 그녀에게 하나의 코트를 사준다.

unit 29 따라쓰기

1 I don't make a birthday gift for dad .

나는 만들어주지 않는다 　 하나의 생일 선물을 　 아빠에게

2 We don't make a birthday cake for him .

우리는 만들어주지 않는다 　 하나의 생일 케이크를 　 그에게

3 Dad doesn't make a birthday gift for me .

아빠는 만들어주지 않는다 　 하나의 생일 선물을 　 나에게

4 He doesn't make a birthday cake for us .

그는 만들어주지 않는다 　 하나의 생일 케이크를 　 우리에게

5 It doesn't make a birthday song for you .

그것은 만들어주지 않는다 　 하나의 생일 노래를 　 너희들에게

6 You don't buy shorts for it .

너희들은 사주지 않는다 　 반바지를 　 그것에게

7 Dooboo and I don't buy socks for a boy .

두부와 나는 　 사주지 않는다 　 양말을 　 한 소년에게

8 He and she don't buy a coat for a cat .

그와 그녀는 　 사주지 않는다 　 하나의 코트를 한 고양이에게

9 A boy doesn't buy socks for Dooboo and me .

한 소년은 사주지 않는다 　 양말을 　 두부와 나에게

10 A cat doesn't buy a coat for him and her .

한 고양이는 사주지 않는다 　 하나의 코트를 그와 그녀에게

140

1 I don't make a birthday gift   .

나는 만들어주지 않는다 하나의 생일 선물을   아빠에게

2 We don't make a birthday cake   .

우리는 만들어주지 않는다   하나의 생일 케이크를   그에게

3 Dad doesn't make a birthday gift   .

아빠는 만들어주지 않는다   하나의 생일 선물을   나에게

4 He doesn't make a birthday cake   .

그는 만들어주지 않는다   하나의 생일 케이크를   우리에게

5 It doesn't make a birthday song   .

그것은 만들어주지 않는다 하나의 생일 노래를   너희들에게

6 You don't buy shorts   .

너희들은 사주지 않는다   반바지를   그것에게

7 Dooboo and I don't buy socks   .

두부와 나는   사주지 않는다   양말을   한 소년에게

8 He and she don't buy a coat   .

그와 그녀는   사주지 않는다   하나의 코트를   한 고양이에게

9 A boy doesn't buy socks   .

한 소년은   사주지 않는다   양말을   두부와 나에게

10 A cat doesn't buy a coat   .

한 고양이는 사주지 않는다   하나의 코트를   그와 그녀에게

unit
29

빈칸 채우기 ②

1 I   a birthday gift   .

나는 만들어주지 않는다   하나의 생일 선물을   아빠에게

2 We   a birthday cake   .

우리는 만들어주지 않는다   하나의 생일 케이크를   그에게

3 Dad   a birthday gift   .

아빠는   만들어주지 않는다   하나의 생일 선물을   나에게

4 He   a birthday cake   .

그는   만들어주지 않는다   하나의 생일 케이크를   우리에게

5 It   a birthday song   .

그것은 만들어주지 않는다   하나의 생일 노래를   너희들에게

6 You   shorts   .

너희들은 사주지 않는다   반바지를   그것에게

7 Dooboo and I   socks   .

두부와 나는   사주지 않는다   양말을   한 소년에게

8 He and she   a coat   .

그와 그녀는   사주지 않는다   하나의 코트를 한 고양이에게

9 A boy   socks   .

한 소년은   사주지 않는다   양말을   두부와 나에게

10 A cat   a coat   .

한 고양이는 사주지 않는다   하나의 코트를 그와 그녀에게

빈칸 채우기 ③

1

나는 아빠에게 하나의 생일 선물을 만들어주지 않는다.

2

우리는 그에게 하나의 생일 케이크를 만들어주지 않는다.

3

아빠는 나에게 하나의 생일 선물을 만들어주지 않는다.

4

그는 우리에게 하나의 생일 케이크를 만들어주지 않는다.

5

그것은 너희들에게 하나의 생일 노래를 만들어주지 않는다.

6

너희들은 그것에게 반바지를 사주지 않는다.

7

두부와 나는 한 소년에게 양말을 사주지 않는다.

8

그와 그녀는 한 고양이에게 하나의 코트를 사주지 않는다.

9

한 소년은 두부와 나에게 양말을 사주지 않는다.

10

한 고양이는 그와 그녀에게 하나의 코트를 사주지 않는다.

1 Do I make a birthday gift for dad ?

나는　　만들어주니?　하나의 생일 선물을　　　아빠에게

2 Do we make a birthday cake for him ?

우리는　　만들어주니?　하나의 생일 케이크를　　　그에게

3 Does dad make a birthday gift for me ?

아빠는　　　만들어주니?　하나의 생일 선물을　　　나에게

4 Does he make a birthday cake for us ?

그는　　　만들어주니?　하나의 생일 케이크를　　　우리에게

5 Does it make a birthday song for you ?

그것은　　만들어주니?　하나의 생일 노래를　　　너희들에게

6 Do you buy shorts for it ?

너희들은　　사주니?　반바지를　　그것에게

7 Do Dooboo and I buy socks for a boy ?

두부와 나는　　　　　　사주니?　양말을　　한 소년에게

8 Do he and she buy a coat for a cat ?

그와 그녀는　　　　　　사주니?　하나의 코트를 한 고양이에게

9 Does a boy buy socks for Dooboo and me ?

한 소년은　　　사주니?　양말을　　두부와 나에게

10 Does a cat buy a coat for him and her ?

한 고양이는　　　사주니?　하나의 코트를 그와 그녀에게

1 Do I make a birthday gift   ?

나는   만들어주니? 하나의 생일 선물을   아빠에게

2 Do we make a birthday cake   ?

우리는   만들어주니? 하나의 생일 케이크를   그에게

3 Does dad make a birthday gift   ?

아빠는   만들어주니? 하나의 생일 선물을   나에게

4 Does he make a birthday cake   ?

그는   만들어주니? 하나의 생일 케이크를   우리에게

5 Does it make a birthday song   ?

그것은   만들어주니? 하나의 생일 노래를   너희들에게

6 Do you buy shorts   ?

너희들은   사주니? 반바지를   그것에게

7 Do Dooboo and I buy socks   ?

두부와 나는   사주니? 양말을   한 소년에게

8 Do he and she buy a coat   ?

그와 그녀는   사주니? 하나의 코트를   한 고양이에게

9 Does a boy buy socks   ?

한 소년은   사주니? 양말을   두부와 나에게

10 Does a cat buy a coat   ?

한 고양이는   사주니? 하나의 코트를   그와 그녀에게

빈칸 채우기 ②

1 Do I   a birthday gift   **?**

나는   만들어주니?   하나의 생일 선물을   아빠에게

2 Do we   a birthday cake   **?**

우리는   만들어주니?   하나의 생일 케이크를   그에게

3 Does dad   a birthday gift   **?**

아빠는   만들어주니?   하나의 생일 선물을   나에게

4 Does he   a birthday cake   **?**

그는   만들어주니?   하나의 생일 케이크를   우리에게

5 Does it   a birthday song   **?**

그것은   만들어주니?   하나의 생일 노래를   너희들에게

6 Do you   shorts   **?**

너희들은   사주니?   반바지를   그것에게

7 Do Dooboo and I   socks   **?**

두부와 나는   사주니?   양말을   한 소년에게

8 Do he and she   a coat   **?**

그와 그녀는   사주니?   하나의 코트를 한 고양이에게

9 Does a boy   socks   **?**

한 소년은   사주니?   양말을   두부와 나에게

10 Does a cat   a coat   **?**

한 고양이는   사주니?   하나의 코트를 그와 그녀에게

빈칸 채우기 ③

1

나는 아빠에게 하나의 생일 선물을 만들어주니?

2

우리는 그에게 하나의 생일 케이크를 만들어주니?

3

아빠는 나에게 하나의 생일 선물을 만들어주니?

4

그는 우리에게 하나의 생일 케이크를 만들어주니?

5

그것은 너희들에게 하나의 생일 노래를 만들어주니?

6

너희들은 그것에게 반바지를 사주니?

7

두부와 나는 한 소년에게 양말을 사주니?

8

그와 그녀는 한 고양이에게 하나의 코트를 사주니?

9

한 소년은 두부와 나에게 양말을 사주니?

10

한 고양이는 그와 그녀에게 하나의 코트를 사주니?

다음 한글에 맞는 영어문장을 적으시오.

1 나는 아빠에게 사과들을 준다.

2 우리는 그에게 포도들을 준다.

3 한 소년은 두부와 나에게 오렌지들을 준다.

4 그와 그녀는 한 고양이에게 야구를 가르쳐준다.

5 너희들은 그것에게 레몬들을 주지 않는다.

6 아빠는 나에게 영어를 가르쳐주지 않는다.

7 그는 우리에게 수학을 가르쳐주지 않는다.

8 한 소년은 두부와 나에게 오렌지들을 주니?

9 그와 그녀는 한 고양이에게 야구를 가르쳐주니?

10 그것은 너희들에게 하나의 생일 노래를 만들어준다.

11 너희들은 그것에게 반바지를 사준다.

12 한 소년은 두부와 나에게 양말을 사준다.

13 한 소년은 두부와 나에게 양말을 사주지 않는다.

14 우리는 그에게 하나의 생일 케이크를 만들어주지 않는다.

15 그는 우리에게 하나의 생일 케이크를 만들어주지 않는다.

16 두부와 나는 한 소년에게 양말을 사주지 않는다.

17 나는 아빠에게 하나의 생일 선물을 만들어주니?

18 그는 우리에게 하나의 생일 케이크를 만들어주니?

19 그와 그녀는 한 고양이에게 하나의 코트를 사주니?

20 한 고양이는 그와 그녀에게 하나의 코트를 사주니?

다음 영어에 맞는 한글문장을 적으시오.

1   I give apples to dad.

2   We give grapes to him.

3   A boy gives oranges to Dooboo and me.

4   He and she teach baseball to a cat.

5   You don't give lemons to it.

6   Dad doesn't teach English to me.

7   He doesn't teach math to us.

8   Does a boy give oranges to Dooboo and me?

9   Do he and she teach baseball to a cat?

10   It makes a birthday song for you.

11   You buy shorts for it.

12   A boy buys socks for Dooboo and me.

13   A boy doesn't buy socks for Dooboo and me.

14   We don't make a birthday cake for him.

15   He doesn't make a birthday cake for us.

16   Dooboo and I don't buy socks for a boy.

17   Do I make a birthday gift for dad?

18   Does he make a birthday cake for us?

19   Do he and she buy a coat for a cat?

20   Does a cat buy a coat for him and her?

다음 한글에 맞는 영어문장을 적으시오.

1 나는 아빠에게 사과들을 준다.

2 너는 엄마에게 바나나들을 준다.

3 나는 아빠에게 사과들을 주니?

4 너는 엄마에게 바나나들을 주니?

5 그는 우리에게 포도들을 주지 않는다.

6 그녀는 그들에게 키위들을 주지 않는다.

7 엄마는 너에게 하나의 생일 모자를 만들어준다.

8 그녀는 그들에게 하나의 생일 카드를 만들어준다.

9 그것은 너희들에게 하나의 생일 노래를 만들어준다.

10 두부는 너와 나에게 하나의 로봇을 만들어준다.

11 엄마는 너에게 하나의 생일 모자를 만들어주지 않는다.

12 그녀는 그들에게 하나의 생일 카드를 만들어주지 않는다.

13 그것은 너희들에게 하나의 생일 노래를 만들어주지 않는다.

14 너는 엄마에게 하나의 티셔츠를 사주지 않는다.

15 그와 그녀는 한 고양이에게 하나의 코트를 사주니?

16 한 소녀는 한 고양이와 한 강아지에게 하나의 치마를 사주지 않는다.

17 그는 우리에게 하나의 재킷을 사주니?

18 두부는 너와 나에게 신발을 사주니?

19 한 소년은 두부와 나에게 양말을 사주니?

20 한 소녀는 한 고양이와 한 강아지에게 하나의 치마를 사주니?

다음 영어에 맞는 한글문장을 적으시오.

1   I give dad apples.

2   You give mom bananas.

3   Do I give dad apples?

4   Do you give mom bananas?

5   He doesn't give us grapes.

6   She doesn't give them kiwis.

7   Mom makes you a birthday hat.

8   She makes them a birthday card.

9   It makes you a birthday song.

10 Dooboo makes you and me a robot.

11 Mom doesn't make you a birthday hat.

12 She doesn't make them a birthday card.

13 It doesn't make you a birthday song.

14 You don't buy mom a T-shirt.

15 Do he and she buy a cat a coat?

16 A girl doesn't buy a cat and a dog a skirt.

17 Does he buy us a jacket?

18 Does Dooboo buy you and me shoes?

19 Does a boy buy Dooboo and me socks?

20 Does a girl buy a cat and a dog a skirt?

다음 한글에 맞는 영어문장을 적으시오.

1 아빠는 나에게 하나의 모자를 사준다. _____

2 그는 우리에게 하나의 재킷을 사준다. _____

3 그는 우리에게 하나의 재킷을 사주지 않는다. _____

4 그녀는 그들에게 바지를 사주지 않는다. _____

5 두부는 너와 나에게 신발을 사주지 않는다. _____

6 한 소년은 두부와 나에게 양말을 사주니? _____

7 한 강아지는 나의 엄마와 아빠에게 하나의 우비를 사주니? _____

8 우리는 그에게 수학을 가르쳐준다. _____

9 한 고양이는 그와 그녀에게 하나의 코트를 사주니? _____

10 너는 엄마에게 한국어를 가르쳐준다. _____

11 너와 나는 두부에게 탁구를 가르쳐준다. _____

12 그들은 그녀에게 과학을 가르쳐주지 않는다. _____

13 나의 엄마와 아빠는 한 강아지에게 축구를 가르쳐주니? _____

14 그것은 너희들에게 사회를 가르쳐주니? _____

15 엄마는 너에게 한국어를 가르쳐주지 않는다. _____

16 한 고양이는 그와 그녀에게 야구를 가르쳐주니? _____

17 나는 아빠에게 하나의 생일 선물을 만들어주니? _____

18 그는 우리에게 하나의 생일 케이크를 만들어주니? _____

19 그와 그녀는 한 고양이에게 하나의 코트를 사주니? _____

20 한 고양이는 그와 그녀에게 하나의 코트를 사주니? _____

다음 영어에 맞는 한글문장을 적으시오.

1   Dad buys me a cap.

2   He buys us a jacket.

3   He doesn't buy us a jacket.

4   She doesn't buy them pants.

5   Dooboo doesn't buy you and me shoes.

6   Does a boy buy Dooboo and me socks?

7   Does a dog buy my mom and dad a raincoat?

8   We teach him math.

9   Does a cat buy him and her a coat?

10   You teach mom Korean.

11   You and I teach Dooboo table tennis.

12   They don't teach her science.

13   Do my mom and dad teach a dog soccer?

14   Does it teach you social studies?

15   Mom doesn't teach you Korean.

16   Does a cat teach him and her baseball?

17   Do I make a birthday gift for dad?

18   Does he make a birthday cake for us?

19   Do he and she buy a coat for a cat?

20   Does a cat buy a coat for him and her?

review 1-6

1	나는 아빠에게 사과들을 준다.	I give dad apples.
2	너는 엄마에게 바나나들을 준다.	You give mom bananas.
3	우리는 그에게 포도들을 준다.	We give him grapes.
4	그들은 그녀에게 키위들을 준다.	They give her kiwis.
5	나는 아빠에게 사과들을 주지 않는다.	I don't give dad apples.
6	너는 엄마에게 바나나들을 주지 않는다.	You don't give mom bananas.
7	우리는 그에게 포도들을 주지 않는다.	We don't give him grapes.
8	그들은 그녀에게 키위들을 주지 않는다.	They don't give her kiwis.
9	나는 아빠에게 사과들을 주니?	Do I give dad apples?
10	너는 엄마에게 바나나들을 주니?	Do you give mom bananas?
11	우리는 그에게 포도들을 주니?	Do we give him grapes?
12	그는 우리에게 포도들을 준다.	He gives us grapes.
13	그녀는 그들에게 키위들을 준다.	She gives them kiwis.
14	그것은 너희들에게 레몬들을 준다.	It gives you lemons.
15	그는 우리에게 포도들을 주지 않는다.	He doesn't give us grapes.
16	그녀는 그들에게 키위들을 주지 않는다.	She doesn't give them kiwis.
17	그것은 너희들에게 레몬들을 주지 않는다.	It doesn't give you lemons.
18	그는 우리에게 포도들을 주니?	Does he give us grapes?
19	그녀는 그들에게 레몬들을 주니?	Does she give them lemons?
20	그것은 너희들에게 레몬들을 주니?	Does it give you lemons?

review 7-12

1	나는 아빠에게 하나의 생일 선물을 만들어준다.	I make dad a birthday gift.
2	너희들은 그것에게 하나의 생일 노래를 만들어준다.	You make it a birthday song.
3	그와 그녀는 한 고양이에게 하나의 장난감 자동차를 만들어준다.	He and she make a cat a toy car.
4	나의 엄마와 아빠는 한 강아지에게 하나의 곰인형을 만들어준다.	My mom and dad make a dog a teddy bear.
5	너희들은 그것에게 하나의 생일 노래를 만들어주지 않는다.	You don't make it a birthday song.
6	한 고양이와 한 강아지는 한 소녀에게 한 연을 만들어주지 않는다.	A cat and a dog don't make a girl a kite.
7	그와 그녀는 한 고양이에게 하나의 장난감 자동차를 만들어주지 않는다.	He and she don't make a cat a toy car.
8	나의 엄마와 아빠는 한 강아지에게 하나의 곰인형을 만들어주지 않는다.	My mom and dad don't make a dog a teddy bear.
9	너희들은 그것에게 하나의 생일 노래를 만들어주니?	Do you make it a birthday song?
10	한 고양이와 한 강아지는 한 소녀에게 한 연을 만들어주니?	Do a cat and a dog make a girl a kite?
11	그와 그녀는 한 고양이에게 하나의 장난감 자동차를 만들어주니?	Do he and she make a cat a toy car?
12	나의 엄마와 아빠는 한 강아지에게 하나의 곰인형을 만들어주니?	Do my mom and dad make a dog a teddy bear?
13	엄마는 너에게 하나의 생일 모자를 만들어준다.	Mom makes you a birthday hat.
14	그녀는 그들에게 하나의 생일 카드를 만들어준다.	She makes them a birthday card.
15	그것은 너희들에게 하나의 생일 노래를 만들어준다.	It makes you a birthday song.
16	두부는 너와 나에게 하나의 로봇을 만들어준다.	Dooboo makes you and me a robot.
17	엄마는 나에게 하나의 생일 모자를 만들어주지 않는다.	Mom doesn't make you a birthday hat.

18	그녀는 그들에게 하나의 생일 카드를 만들어주지 않는다.	She doesn't make them a birthday card.
19	그것은 너희들에게 하나의 생일 노래를 만들어주지 않는다.	It doesn't make you a birthday song.
20	두부는 너와 나에게 하나의 로봇을 만들어주지 않는다.	Dooboo doesn't make you and me a robot.

review 13-18

1	나는 아빠에게 하나의 모자를 사준다.	I buy dad a cap.
2	그들은 그녀에게 바지를 사준다.	They buy her pants.
3	두부와 나는 한 소년에게 양말을 사준다.	Dooboo and I buy a boy socks.
4	나의 엄마와 아빠는 한 강아지에게 하나의 우비를 사준다.	My mom and dad buy a dog a raincoat.
5	너는 엄마에게 하나의 티셔츠를 사주지 않는다.	You don't buy mom a T-shirt.
6	너희들은 그것에게 반바지를 사주지 않는다.	You don't buy it shorts.
7	한 고양이와 한 강아지는 한 소녀에게 하나의 치마를 사주지 않는다.	A cat and a dog don't buy a girl a skirt.
8	우리는 그에게 하나의 재킷을 사주니?	Do we buy him a jacket?
9	너와 나는 두부에게 신발을 사주니?	Do you and I buy Dooboo shoes?
10	그와 그녀는 한 고양이에게 하나의 코트를 사주니?	Do he and she buy a cat a coat?
11	그녀는 그들에게 바지를 사준다.	She buys them pants.
12	한 소년은 두부와 나에게 양말을 사준다.	A boy buys Dooboo and me socks.
13	한 강아지는 나의 엄마와 아빠에게 하나의 우비를 사준다.	A dog buys my mom and dad a raincoat.
14	아빠는 나에게 하나의 모자를 사주지 않는다.	Dad doesn't buy me a cap.
15	그것은 너희들에게 반바지를 사주지 않는다.	It doesn't buy you shorts.

16	한 소녀는 한 고양이와 한 강아지에게 하나의 치마를 사주지 않는다.	A girl doesn't buy a cat and a dog a skirt.
17	그는 우리에게 하나의 재킷을 사주니?	Does he buy us a jacket?
18	두부는 너와 나에게 신발을 사주니?	Does Dooboo buy you and me shoes?
19	한 소년은 두부와 나에게 양말을 사주니?	Does a boy buy Dooboo and me socks?
20	한 소녀는 한 고양이와 한 강아지에게 하나의 치마를 사주니?	Does a girl buy a cat and a dog a skirt?

review 19-24

1	나는 아빠에게 영어를 가르쳐준다.	I teach dad English.
2	너는 엄마에게 한국어를 가르쳐준다.	You teach mom Korean.
3	우리는 그에게 수학을 가르쳐준다.	We teach him math.
4	그들은 그녀에게 과학을 가르쳐준다.	They teach her science.
5	너희들은 그것에게 사회를 가르쳐주지 않는다.	You don't teach it social studies.
6	너와 나는 두부에게 탁구를 가르쳐주지 않는다.	You and I don't teach Dooboo table tennis.
7	나의 엄마와 아빠는 한 강아지에게 축구를 가르쳐주지 않는다.	My mom and dad don't teach a dog soccer.
8	그들은 그녀에게 과학을 가르쳐주지 않는다.	They don't teach her science.
9	나는 아빠에게 영어를 가르쳐주니?	Do I teach dad English?
10	그들은 그녀에게 과학을 가르쳐주니?	Do they teach her science?
11	두부와 나는 한 소년에게 농구를 가르쳐주니?	Do Dooboo and I teach a boy basketball?
12	한 고양이와 한 강아지는 한 소녀에게 배드민턴을 가르치니?	Do a cat and a dog teach a girl badminton?
13	그것은 너희들에게 사회를 가르쳐준다.	It teaches you social studies.

14	한 소년은 두부와 나에게 농구를 가르쳐준다.	A boy teaches Dooboo and me basketball.
15	한 고양이는 그와 그녀에게 야구를 가르쳐주지 않는다.	A cat doesn't teach him and her baseball.
16	한 강아지는 나의 엄마와 아빠에게 축구를 가르쳐주지 않는다.	A dog doesn't teach my mom and dad soccer.
17	아빠는 나에게 영어를 가르쳐주니?	Does dad teach me English?
18	그녀는 그들에게 과학을 가르쳐주니?	Does she teach them science?
19	한 소년은 두부와 나에게 농구를 가르쳐주니?	Does a boy teach Dooboo and me basketball?
20	한 소녀는 한 고양이와 한 강아지에게 배드민턴을 가르쳐주니?	Does a girl teach a cat and a dog badminton?

review 25-30

1	나는 아빠에게 사과들을 준다.	I give apples to dad.
2	우리는 그에게 포도들을 준다.	We give grapes to him.
3	한 소년은 두부와 나에게 오렌지들을 준다.	A boy gives oranges to Dooboo and me.
4	그와 그녀는 한 고양이에게 야구를 가르쳐준다.	He and she teach baseball to a cat.
5	너희들은 그것에게 레몬들을 주지 않는다.	You don't give lemons to it.
6	아빠는 나에게 영어를 가르쳐주지 않는다.	Dad doesn't teach English to me.
7	그는 우리에게 수학을 가르쳐주지 않는다.	He doesn't teach math to us.
8	한 소년은 두부와 나에게 오렌지들을 주니?	Does a boy give oranges to Dooboo and me?
9	그와 그녀는 한 고양이에게 야구를 가르쳐주니?	Do he and she teach baseball to a cat?
10	그것은 너희들에게 하나의 생일 노래를 만들어준다.	It makes a birthday song for you.
11	너희들은 그것에게 반바지를 사준다.	You buy shorts for it.

12	한 소년은 두부와 나에게 양말을 사준다.	A boy buys socks for Dooboo and me.
13	한 소년은 두부와 나에게 양말을 사주지 않는다.	A boy doesn't buy socks for Dooboo and me.
14	우리는 그에게 하나의 생일 케이크를 만들어주지 않는다.	We don't make a birthday cake for him.
15	그는 우리에게 하나의 생일 케이크를 만들어주지 않는다.	He doesn't make a birthday cake for us.
16	두부와 나는 한 소년에게 양말을 사주지 않는다.	Dooboo and I don't buy socks for a boy.
17	나는 아빠에게 하나의 생일 선물을 만들어주니?	Do I make a birthday gift for dad?
18	그는 우리에게 하나의 생일 케이크를 만들어주니?	Does he make a birthday cake for us?
19	그와 그녀는 한 고양이에게 하나의 코트를 사주니?	Do he and she buy a coat for a cat?
20	한 고양이는 그와 그녀에게 하나의 코트를 사주니?	Does a cat buy a coat for him and her?

Chapter 1~5 all review 1

1	나는 아빠에게 사과들을 준다.	I give dad apples.
2	너는 엄마에게 바나나들을 준다.	You give mom bananas.
3	나는 아빠에게 사과들을 주니?	Do I give dad apples?
4	너는 엄마에게 바나나들을 주니?	Do you give mom bananas?
5	그는 우리에게 포도들을 주지 않는다.	He doesn't give us grapes.
6	그녀는 그들에게 키위들을 주지 않는다.	She doesn't give them kiwis.
7	엄마는 너에게 하나의 생일 모자를 만들어준다.	Mom makes you a birthday hat.
8	그녀는 그들에게 하나의 생일 카드를 만들어준다.	She makes them a birthday card.
9	그것은 너희들에게 하나의 생일 노래를 만들어준다.	It makes you a birthday song.

10	두부는 너와 나에게 하나의 로봇을 만들어준다.	Dooboo makes you and me a robot.
11	엄마는 너에게 하나의 생일 모자를 만들어주지 않는다.	Mom doesn't make you a birthday hat.
12	그녀는 그들에게 하나의 생일 카드를 만들어주지 않는다.	She doesn't make them a birthday card.
13	그것은 너희들에게 하나의 생일 노래를 만들어주지 않는다.	It doesn't make you a birthday song.
14	너는 엄마에게 하나의 티셔츠를 사주지 않는다.	You don't buy mom a T-shirt.
15	그와 그녀는 한 고양이에게 하나의 코트를 사주니?	Do he and she buy a cat a coat?
16	한 소녀는 한 고양이와 한 강아지에게 하나의 치마를 사주지 않는다.	A girl doesn't buy a cat and a dog a skirt.
17	그는 우리에게 하나의 재킷을 사주니?	Does he buy us a jacket?
18	두부는 너와 나에게 신발을 사주니?	Does Dooboo buy you and me shoes?
19	한 소년은 두부와 나에게 양말을 사주니?	Does a boy buy Dooboo and me socks?
20	한 소녀는 한 고양이와 한 강아지에게 하나의 치마를 사주니?	Does a girl buy a cat and a dog a skirt?

Chapter 1~5 all review 2

1	아빠는 나에게 하나의 모자를 사준다.	Dad buys me a cap.
2	그는 우리에게 하나의 재킷을 사준다.	He buys us a jacket.
3	그는 우리에게 하나의 재킷을 사주지 않는다.	He doesn't buy us a jacket.
4	그녀는 그들에게 바지를 사주지 않는다.	She doesn't buy them pants.
5	두부는 너와 나에게 신발을 사주지 않는다.	Dooboo doesn't buy you and me shoes.
6	한 소년은 두부와 나에게 양말을 사주니?	Does a boy buy Dooboo and me socks?

7	한 강아지는 나의 엄마와 아빠에게 하나의 우비를 사주니?	Does a dog buy my mom and dad a raincoat?
8	우리는 그에게 수학을 가르쳐준다.	We teach him math.
9	한 고양이는 그와 그녀에게 하나의 코트를 사주니?	Does a cat buy him and her a coat?
10	너는 엄마에게 한국어를 가르쳐준다.	You teach mom Korean.
11	너와 나는 두부에게 탁구를 가르쳐준다.	You and I teach Dooboo table tennis.
12	그들은 그녀에게 과학을 가르쳐주지 않는다.	They don't teach her science.
13	나의 엄마와 아빠는 한 강아지에게 축구를 가르쳐주니?	Do my mom and dad teach a dog soccer?
14	그것은 너희들에게 사회를 가르쳐주니?	Does it teach you social studies?
15	엄마는 너에게 한국어를 가르쳐주지 않는다.	Mom doesn't teach you Korean.
16	한 고양이는 그와 그녀에게 야구를 가르쳐주니?	Does a cat teach him and her baseball?
17	나는 아빠에게 하나의 생일 선물을 만들어주니?	Do I make a birthday gift for dad?
18	그는 우리에게 하나의 생일 케이크를 만들어주니?	Does he make a birthday cake for us?
19	그와 그녀는 한 고양이에게 하나의 코트를 사주니?	Do he and she buy a coat for a cat?
20	한 고양이는 그와 그녀에게 하나의 코트를 사주니?	Does a cat buy a coat for him and her?

A		
apple		사과

B		
badminton		배드민턴
banana		바나나
baseball		야구
basketball		농구
birthday		생일
birthday cake		생일 케이크
birthday card		생일 카드
birthday gift		생일 선물
birthday hat		생일 모자
birthday song		생일 노래
boy		소년
buy		사주다

C		
cake		케이크
cap		모자
cat		고양이
coat		코트

D		
dad		아빠
dog		강아지
doll		인형
Dooboo		두부(이름)

E		
English		영어

G		
gift		선물
give		주다
girl		소녀
grape		포도

H		
he		그

I		
I		나
it		그것

J		
jacket		재킷

K		
kite		연
kiwi		키위
Korean		한국어

L		
lemon		레몬

M		
make		만들어주다
mango		망고
math		수학
mom		엄마

O		
orange		오렌지

P		
pants		바지
peach		복숭아

R		
raincoat		우비, 비옷
robot		로봇

S		
science		과학
she		그녀
shoes		신발
shorts		반바지
skirt		치마
soccer		축구

social studies	사회	tomato	토마토
socks	양말	toy car	장난감 자동차
song	노래	T-shirt	티셔츠
T		**W**	
table tennis	탁구	watermelon	수박
teach	가르쳐주다	we	우리
teddy bear	곰인형	**Y**	
they	그들	you	너

MEMO